Delft
Rotterdam
Schiedam
assluis
Vlaardingen
Nieuwe Maas
Stad
Eem- & Waalhaven
Rozenburg
Botlek
Barendrecht
Oude Maas
Spijkenisse
Havenbedrijf Rotterdam N.V., 2006
Ruimtelijk Service Centrum - 2006d139

ROTTERDAM - EUROPOORT
EEN WERELDHAVEN IN BEELD

DEEL I

SUPERTANKERS, LOODSBOTEN, SLEEPBOTEN & ESCORTEVAARTUIGEN

Geert K. Mast

ANTARES
Finnli

ROTTERDAM - EUROPOORT
EEN WERELDHAVEN IN BEELD

DEEL I

SUPERTANKERS, LOODSBOTEN, SLEEPBOTEN & ESCORTEVAARTUIGEN

Geert K. Mast

Lanasta

ISBN: 978-90-8616-026-6 (NL)
ISBN: 978-90-8616-027-3 (GB)

NUGI: 969

1e druk, juni 2007

Lanasta

Vormgeving: Marlies Zeeman
Druk: Drukkerij Giethoorn Ten Brink, Meppel

http://www.lanasta.com

DANKBETUIGING

Gaarne betuigen we onze dank aan de volgende personen, participanten en Public Relations afdelingen van vermelde bedrijven voor hun waardevolle informatie, welwillende medewerking, toestemming en bijdragen aan de totstandkoming van dit boek.

Personen:
De heer Leo Kloet, Operations Manager, Maasvlakte Olie Terminal – MOT; de heer Cor de Koning, Senior Advisor, Port of Rotterdam; de heer Allin Britstra, afd. Geo-informatie & Visualisatie Havenbedrijf Rotterdam NV; de heer Wim Remeeus, Smit Harbour Towage Rotterdam; de heer Eduard Kooren, Kotug International BV, Rotterdam; de heren Jan Verkleij en Aad Melief, Koninklijke Dirkzwager BV, Maassluis; mevr. Jolanda Vijgenboom, afd. Communicatie van Het Loodswezen, Rotterdam; de heer Hans de Goeij, Managing Director, Bureau Green Award, Rotterdam; de heer Gerrit v.d. Sluis, EECV Erts Terminal, Europoort; Prof. ir. H. Boonstra, Technische Universiteit Delft; de heer Auke Visser, Auke Visser's International Super Tankers Website, Leeuwarden; de mensen van Smit's Radio Room, Scheurhaven, Europoort, thans Waalhaven; de kapiteins en bemanningen van Smit Harbour Towage Rotterdam en Kotug Towage, Rotterdam.

Participanten:
Kotug International BV, Rotterdam; Fairplay Schleppdampfschiffs-Reederei Richard Borchard GmbH, Hamburg – Fairplay Towage BV, Rotterdam; Koninklijke Dirkzwager BV, Maassluis; Het Loodswezen Rotterdam-Rijnmond.

PR Afdelingen:
Het Havenbedrijf Rotterdam - Rotterdam Port Authority; Smit International, Rotterdam; Kotug International, Rotterdam; Fairplay Towage, Rotterdam; Het Loodswezen - Dutch Pilots Association, Rotterdam; Koninklijke Dirkzwager, Maassluis; VT-Unilloyd, Rotterdam; Bluewater Energy Services, Hoofddorp; Heerema Marine Contractors, Leiden; Allseas Engineering, Delft; Dockwise, Breda; International Transport Contractors (ITC), Heemstede; Damen Shipyards, Gorinchem.

"Opgedragen aan mijn vader, zeeman en liefhebber van schepen"

Vorige pagina:
De Kroatische tanker Silba (Monrovia, 1986, 82.424 dwt) ter hoogte van boei 'Maas 3' bij harde wind op weg naar de Vopak-terminals.

De Noorse offshore sleepboot Thorax (Haugesund, 1993) van Ostensjo Rederi AS, Haugesund, passeert de Duitse chemicaliëntanker Douro Chemist (Madeira, 1992, 3687 dwt) van John T.Essberger GmbH & Co., Hamburg, bij windkracht 6 en buiïg weer in april 2002.

INHOUD

1	VOORWOORD	7
2	SCHEEPSVLAGGENSTATEN	9
3	FOTOGRAFEREN IN EUROPOORT	11
	Over de auteur - mijn fotografie	
4	ROTTERDAM - WERELDHAVEN	21
	Recente Historie, De Maasvlakte, Rotterdam Teleport, Economie en Regelgeving	
5	DE ZEE EN HET WEER - Woelige Wateren, Prachtig Licht	31
6	DE HAVENS - Kranen, Schepen, Manifolds en Opslagtanks	47
7	DE SCHEPEN - Tankers en Bulkcarriers in alle maten	55
8	LOODSBOTEN, SLEEPBOTEN EN ESCORTEVAARTUIGEN	59
	Het Loodswezen Rotterdam-Rijnmond, Escorte- en patrouillevaartuigen, De sleepboten	
	De techniek van het slepen, Escorteren-vastmaken-slepen-afmeren, De roeiers	
	EUROPOORT	
	DE OVERSLAG VAN RUWE OLIE	
9	DE SUPERTANKERS - Very Large en Ultra Large Crude Carriers	95
	De Techniek, Veiligheid en Milieu, De Maasvlakte Olie Terminal, De Green Award	
10	CRUDE-O-SAURUS	171
	INDEX	179

Het Nederlandse half-afzinkbare zwareladingschip Mighty Servant 2 (Willemstad, 1983, 23.300 dwt) van Dockwise in juli 1997 in de Maasmond met het booreiland Glomar Labrador 1 op weg naar Argentinië. (↓ 2 - 11 - 1999, nabij Sumatra, @ Alang, India, 14 - 11 - 2000.)

De Britse bulkcarrier Pytchley (Hamilton, 1996, 179.869 dwt) van Associated Bulk Carriers (London) Ltd. wordt door sleepboten van Kotug afgemeerd bij het Europees Massagoed Overslagbedrijf op de Maasvlakte.

1. VOORWOORD

Dit is het boek van een liefhebber van zeeschepen. Van heel grote schepen als mammoettankers en grote bulkcarriers. En voor zulke kolossen moeten we in Rotterdam zijn, in Rotterdam-Europoort - De Maasvlakte en de havens aan het aangrenzende Calandkanaal. Want alleen daar kunnen de grootste schepen komen, de grootste schepen ter wereld. Het zijn de grootste transportmiddelen die de mens ooit heeft uitgedacht. We spreken dan over lengtes van 300 meter of meer, breedtes van 55 tot 60 meter, een diepgang van 20 meter of meer en een hoogte boven de waterlijn van zo'n 30 meter. Toch zijn de meeste schepen voor natte en droge bulk die Rotterdam aandoen veel kleiner, omdat er natuurlijk veel meer kleinere schepen zijn dan grote.

Door diverse ernstige ongelukken is vooral de olietanker wereldwijd onderwerp geweest van veel negatieve publiciteit, wat tot een slecht imago bij het publiek heeft geleid. Maar dit geheel ten onrechte. Er varen meer dan 7400 tankers over de wereldzeeën, die bijna allemaal min of meer gevaarlijke, giftige, brandbare of explosieve ladingen vervoeren en toch horen we slechts relatief zelden van ongelukken.Waar gehakt wordt, vallen spaanders: eenderde van de ongelukken is te wijten aan menselijke fouten. Bovendien is de zee een potentieel gevaarlijke omgeving. Wat de meer dan 5500 bulkcarriers betreft, deze schepen zijn door hun vele luiken in feite minder zeewaardig dan de tankers. De afgelopen vijftien jaar zijn er meer dan 200 van vergaan, sommige met man en muis, waarbij bijna 1000 zeelieden zijn omgekomen. Maar die ongelukken hebben het publiek niet eens bereikt omdat het milieu er nauwelijks door verontreinigd wordt. Tankers en bulkcarriers vervoeren 66% van de wereldhandel. Ze zijn dan ook de spil waar onze samenleving om draait en de kurk waar de westerse economieën op drijven. Zonder deze schepen bezaten we geen auto's, konden we er niet mee rijden en zouden we in onze luie stoel geen tv kunnen kijken. Want de benodigde grondstoffen om ons comfortabele leven te kunnen blijven leiden worden juist door deze schepen over zeer grote afstanden van elders aangevoerd. Het is goed dat te beseffen. De bodem van de West-Europese landen bevat veel te weinig aardolie, erts en kolen om in hun economische behoeften te voorzien en daarom is de winning van kolen en olie al jaren geleden stopgezet. Hun voorraden olie en aardgas in het continentaal plat van de Noordzee zijn evenmin onuitputtelijk en land en kust volzetten met windmolens en zonnepanelen is ook niet aanlokkelijk. Gebruik maken van de golfslag en getijdewerking van de zee zou een betere optie zijn, maar dat is nog verre toekomst. De grote hoeveelheden fossiele brandstoffen en ertsen die de westerse economieën van de Europese Unie nodig hebben moeten dan ook van elders in de wereld naar hun zeehavens worden aangevoerd. Gelegen aan de monding van de rivierdelta's van de Rijn en de Maas is Rotterdam de zeehaven in Europa waar verreweg de grootste hoeveelheden van deze bodemschatten worden overgeslagen – in 2004 een 165 miljoen ton (ruwe olie ca. 100 miljoen, ijzererts ca. 40 miljoen, kolen ca. 25 miljoen). Zonder de constante aanvoer van olie en kolen in Rotterdam kunnen veel elektriciteitscentrales en raffinaderijen in Duitsland, Nederland en België dan ook niet draaien. En zonder de aanvoer van olie en ijzererts in Rotterdam hadden we onze Duitse auto's helemaal niet, laat staan dat we ermee konden rijden. Omdat de meeste olie en bijna alle erts en kolen bestemd zijn voor Duitsland en zijn staal- en automobielindustrie. Bovendien worden van aardolie duizenden soorten plastic gebruiksvoorwerpen gemaakt en talloze chemische producten gefabriceerd voor de industrie. De ruwe grondstoffen voor al deze producten moeten met 's werelds grootste schepen naar Rotterdam worden gebracht – de supertankers en de erts- en kolencarriers en, samen met de agribulkcarriers, zijn dit de schepen waar dit boek over gaat. Na een introducerend gedeelte passeren in Deel I behalve de loodsboten, sleepboten en escortevaartuigen alleen de Capesize supertankers de revue. In Deel II komen de Suezmaxen, Aframaxen, Panamaxen en shuttletankers, evenals de grote erts-, kolen- en agribulkcarriers aan bod. In beide delen zal blijken, nog afgezien van hun enorm strategisch en economisch belang, hoe indrukwekkend deze schepen zijn om te zien en hoe interessant in gezelschap van escorterende sleepboten, of afgemeerd onder gigantische kranen; mede door de wijze waarop we ze hebben gefotografeerd.

GKM

De Solitaire (Panama, 1972, 127.425 dwt) van Allseas Engineering is 's werelds grootste pijpenlegger, hier aan haar vaste ligplaats in het Calandkanaal in april 2000. Kan pijpen leggen tot op een diepte van 4000 meter. Langszij ligt de kraanponton Tog Mor (Panama, 1976) van Allseas, met links daarvan de Hermod (Panama, 1978), een offshore constructievaartuig van Heerema Marine Contractors.

Onder:
Het reusachtige kraanschip Thialf (Panama, 1985, 136.709 bruto reg.ton) van Heerema Marine Contractors op uitreis in april 1999, met de Citta della Spezia als escorte. Elke kraan heeft een hijsvermogen van 7000 ton en gezamenlijk 14.200 ton.

2. SCHEEPSVLAGGENSTATEN

Hieronder volgt een alfabetische lijst van landen waarvan de vlaggen het meest algemeen worden gevoerd door schepen die Rotterdam aandoen. Gewoonlijk wordt niet de naam van het land op de achterplecht van een schip weergegeven, maar de naam van de hoofdstad van dat land, van een zeehaven in dat land, dan wel de naam van een plaats die een "goedkope vlag" vertegenwoordigt. Dit laatste betreft veelal de hoofdstad of zeehaven van bepaalde eilanden of archipels die tot grote vlaggenstaten behoren, dan wel onafhankelijk zijn. Tevens bevindt het hoofdkantoor van een rederij zich doorgaans in een ander land, gewoonlijk een zeehaven of de hoofdstad van een grote vlaggenstaat. "De vlag dekt dus eigenlijk niet de lading"! De namen in cursieve letters duiden op de "thuishavens" waar de meeste zeeschepen in de wereld staan geregistreerd, zoals weergegeven op de achterplecht. Veel daarvan zijn "goedkope vlaggen", dat wil zeggen, de fiscale, registratie- en veiligheidsregels waaraan een rederij moet voldoen zijn minder streng en de (loon)kosten lager. Dit betekent echter niet noodzakelijk dat een schip per definitie slecht is gebouwd, slecht wordt onderhouden of dat de bemanning incompetent is. Bovendien moeten alle schepen zijn ingeschreven bij een classificatiebureau als Lloyd's Register, het American Bureau of Shipping, Norske Veritas en het Nederlandse Bureau Veritas. Vanaf juli 2004 moeten ook alle schepen op de achterplecht van een IMO-identificatienummer zijn voorzien, bestaande uit zeven cijfers.

Antigua & Barbuda – *St.John's*; Bahama's – *Nassau*; Bahrein – Bahrain; België – Antwerpen; Belize – Belize; Bermuda – *Hamilton*; Brazilië – Rio de Janeiro; Bulgarije – Varna; Cambodja – Phnom Penh; Canada (Newfoundland) – St.John's; Cayman Eilanden – *George Town*; China – *Hong Kong* – Shanghai; Cyprus – *Limassol*; Denemarken – Kobenhavn – Aarhus – Esbjerg – Odense; Duitsland – *Hamburg* – Bremen – Rostock; Egypte – Alexandria; Eiland Man – *Douglas*; Estland – Tallinn; Filippijnen – Manila; Finland – Helsinki, Naantali; Frankrijk (Kerguelen Eilanden) – *Port aux Français*; Gibraltar – Gibraltar; Griekenland – *Piraeus*; Ierland – Arklow – Cork; India – Mumbai (Bombay); Iran – Bushehr; Italië – Napoli – Genova – Palermo – Ancona; Japan – *Tokyo* – Kobe; Koeweit – Kuwait; Letland – Riga; Liberia – *Monrovia*; Litouwen – Klaipeda; Luxemburg – Luxembourg; Madera – Madeira; Maleisië – Port Kelang – Penang; Malta – *Valletta*; Marokko – Casablanca; Marshall Eilanden – *Majuro*; Nederland – *Rotterdam* – Dordrecht - Amsterdam – Delfzijl - Harlingen; Nederlandse Antillen – Willemstad; Noorwegen – *Oslo* – *Bergen* – *Stavanger* – Kristiansand – Grimstad – Haugesund; Oekraïne – Sevastopol; Oostenrijk – Wien; Panama – *Panama*; Polen – Szczecin – Gdansk; Portugal – Lisboa – Porto; Roemenië – Constantza; Rusland – *Sankt Peterburg* – *Murmansk* – Archangelsk – Kaliningrad – Novorossyisk – Wladiwostok; Singapore – *Singapore*; Spanje – Vigo – Savona; Sri Lanka – Colombo; St.Vincent & de Grenadines – *Kingstown*; Syrië – Lattakia; Taiwan – Kaohsiung; Thailand – Bangkok; Turkije – *Istanbul*; USA – New York; Vanuatu – *Port Vila*; Verenigd Koninkrijk – *London* – Southampton – Harwich; Zuid-Afrika – Cape Town; Zuid-Korea – Busan - Inchon; Zweden – Göteborg – Donsö - Helsingborg; Zwitserland – Genève.

Legenda

Wanneer in een fotobijschrift het teken ↓ vermeld wordt, gevolgd door een datum, betekent dit dat het betreffende schip op die datum is gezonken of in tweeën gebroken. Wanneer het teken @ gebruikt wordt, gevolgd door plaats en jaartal, betekent dit dat het betreffende schip in dat jaar is gesloopt. Wanneer het teken (?) wordt vermeld, betekent dit dat we niet over nadere informatie aangaande dat schip beschikken. De tonnage van tankers en bulkcarriers is aangegeven in deadweight (dwt) of laadvermogen (dat licht variabel is), samen met de "thuishaven" en het bouwjaar. Van bulkschepen groter dan 200.000 ton dwt wordt de bouwwerf vermeld.

We merken op dat vele in dit boek afgebeelde, nog varende schepen sindsdien ten minste 1 maal of meerdere malen van naam en/of eigenaar en "thuishaven" zijn veranderd, terwijl de actualiteit van de tekst in het algemeen is bijgewerkt tot de situatie van eind 2006.

Het Noorse seismische onderzoeksschip American Explorer (ex Shell America, Port Vila, 1983, 3468 br.reg.ton) uitgaand van de Nieuwe Waterweg in 2002 bij windkracht 6. Port Vila is de hoofdstad van de Vanuatu archipel, een 2000 km. ten oosten van Australië.

Avondstemming in de Maasmond in 1999. De baggerzuiger HAM 316 ter hoogte van boei "Maas 3" met het uitgaande koelschip Fiona (Willemstad). 1/60 sec. 400 mm.

Afmeren van de Griekse supertanker Zante (Piraeus, 1975, 274.513 dwt, @ Chittagong, Bangladesh, 2002) bij de Maasvlakte Olie Terminal in 1998, met assistentie van sleepboten van Kotug. 1 sec. 80 mm.

Close-up van de bulkcarriers Red Cherry (Panama, 1999, 73.739 dwt) en North Duchess (Piraeus, 1985, 63.784 dwt) bij de European Bulk Services in de Elbehaven, Europoort, in 1999. 400 mm.

3. FOTOGRAFEREN IN EUROPOORT

Omdat dit een fotoboek is over de bulkschepen en havens van Rotterdam-Europoort, weerspiegelt het de grote interesse die we voor Rotterdam als wereldhaven hebben. Onze fotografische activiteiten verrichten we onder alle mogelijke omstandigheden, ook "bij nacht en ontij". Hoewel ook onze voorkeur uitgaat naar helder weer onder een kalm briesje en met "de zon in de rug", zijn zulke ideale omstandigheden aan zee maar al te vaak niet aanwezig doordat het weer omslaat, of gewoon omdat het avond wordt. Een fotograaf houdt het dan normaal gesproken voor gezien en gaat naar huis. Wij niet. Wij kunnen ons deze "luxe" niet veroorloven, simpelweg omdat we niet in de Rijnmond of de wijde omtrek daarvan wonen, maar zo'n 300 kilometer daar vandaan: in het noorden des lands, vlak tegen de Duitse grens. Daarom blijven we een dag of drie, vier en hebben we geleerd van "de nood een deugd" te maken door ons aan te passen aan de omstandigheden en ook in het donker foto's te maken, evenals tegenlichtopnames, daar dit prachtige "plaatjes" kan opleveren. Omdat we de nacht in de auto doorbrengen en er die dagen dan praktisch in "wonen", fotograferen we ook tijdens de ochtend- en avondschemering, dus bij veel te weinig licht, eventueel ook (langzaam) varende schepen. Vanwege de lange sluitertijden kan dat alleen met een grote telelens, wanneer de relatieve snelheid van het object ten opzichte van de waarnemer nog gering is. Ook hebben we ons toegelegd op het fotograferen van schepen vanuit de auto in stormachtig weer, wanneer ze zich juist "buitengaats" bevinden, net buiten de havenhoofden van de Maasmonding. Er varen immers altijd schepen! Hoewel, dat is niet helemaal waar. Tijdens de zware storm met windkracht 11 op 27 oktober 2002 bijvoorbeeld, werd alle scheepvaart stilgelegd met het oog op een mogelijke sluiting van de stormvloedkering in de Nieuwe Waterweg. Afgezien daarvan moet, zoals fotografen weten, de meeste tijd worden doorgebracht met wachten; of op schepen, of op de zon. Juist in de vroege ochtend als het licht verre van ideaal is - maar vaak op z'n mooist - en ook 's avonds, is de scheepvaart dikwijls het drukst. Daarentegen is er midden op de dag wanneer het licht het gunstigst is, in de Maasmonding meestal "niets te beleven". Dus gaan we dan op zoek naar andere gelegenheden om te fotograferen. Van grote schepen maken we ook close-ups van boeg en achterschip met dekhuis. Zo proberen we de voor- en achterkant van schepen die elkaar passeren op één foto te krijgen, omdat dit "actie" en nautische bedrijvigheid uitbeeldt en daarom fotografisch heel interessant kan zijn. Zoals bijvoorbeeld de aankomst van een supertanker of ertscarrier. Dat moet met de grootste omzichtigheid gebeuren. Zonder assistentie van meerdere sleepboten - twee voor, twee achter en indien windkracht en stroming dit eisen, ook nog een langszij - is dit onmogelijk. Zoiets is eigenlijk een gebeurtenis op zichzelf: Van aankomst bij de Maasmonding - dus nog altijd "buitengaats" - tot en met het afmeren aan de kade of steiger, of omgekeerd. We "reizen" dan indien mogelijk in de auto met het schip mee naar zijn aanlegplaats om het bij het afmeren te kunnen fotograferen. Of ook andersom: van aanlegplaats naar zee. Ook proberen we "zo veel mogelijk schepen of delen van schepen" op één foto te krijgen om de drukte in Europoort te benadrukken. Bijvoorbeeld (een deel van) een schip op de voorgrond en (een deel van) een ander schip op de achtergrond. We maken dus composities, in plaats van zomaar

Het Duitse multi-purposeschip Tina en de reefer Mahone Bay (ex Avocado, 1981, 9835 dwt) van Seatrade Groningen, beide geregistreerd in Antigua & Barbuda (St.John's). De foto laat zien waarom koelschepen als de Mahone Bay wel de 'zwanen van de zee' genoemd worden. Gezien vanaf de positie "Slag Maasmond" in juli 2001. 400 mm.

Tegenlichtopname van de haven/kustsleepboot Fairplay 21 in de Maasmond. 300 mm.

De Noorse shuttletanker Navion Clipper (Nassau, 1993, 78.328 dwt) ontmoet de Saoedische supertanker Venus Glory (Monrovia, 2000, 299.089 dwt) in het Calandkanaal in 2003. 200 mm.

schepen te fotograferen. Omdat we daarvoor een 300 en 400 mm telelens gebruiken, zijn dergelijke opnamen meestal beeldvullend, ondanks de grote afstanden in Europoort. Tenzij het niet anders kan, fotograferen we de schepen in hun geheel bijna nooit van opzij. Gezien hun enorme lengte zijn het op de dia dan niet meer dan ver verwijderde "strepen" en dat is niet interessant. Daarom nemen we ze altijd schuin van voren of van achteren en soms ook recht van voren of van achteren, maar daarvoor zijn grote telelenzen nodig. Op deze wijze zijn we gekomen tot een eigen uitbeelding, een persoonlijke "opvatting" van wat we zien. Namelijk het dynamische en indrukwekkende ervan. Want alles wat op de wereldhaven Rotterdam betrekking heeft is dynamisch en imposant. Dat blijkt wel uit het feit dat het vanaf de Erasmusbrug tot en met de Maasvlakte via de A15 en N15 één groot, 45 km lang gebied is van havencomplexen, bedrijfsterreinen, overslagbedrijven, raffinaderijen, opslagtanks en petrochemische industrieën.
Behalve bij "Slag Maasmond" en de "Papegaaienbek" bij de Maasvlakte Olie Terminal, is een derde favoriete plek die van het meest westelijke puntje van de "Landtong Rozenburg", tegenover de Stena Line Terminal in Hoek van Holland. Daar bevindt zich zowel de monding van de Nieuwe Waterweg als die van het Calandkanaal. Beide vaarwegen die tot Rozenburg parallel aan elkaar lopen, worden door deze landtong of "splitsingsdam" van elkaar gescheiden. Alle schepen die via de Waterweg naar de Botlek en de oude havens van Rotterdam moeten of omgekeerd, komen daar langs. Door een speciaal als toeristische attractie aangelegde, 30 meter hoge heuvel op te rijden (die het stadsafval van Rotterdam herbergt), krijgt men een goed uitzicht over heel Europoort, zowel naar zee als landinwaarts, zodat men de schepen met een telelens zonder de storende achtergrond van de bebouwing van Hoek van Holland kan nemen.
Een goede plek om "ongerepte" foto's te maken is die van Slag Maasmond, waar we met de 400 mm lens alle grotere schepen "in volle zee" vanuit de auto beeldvullend kunnen vastleggen. Bij voorkeur bij harde of stormachtige wind uit het zuidwesten, zodat we ons in de luwte bevinden van de noordelijke duinenrij van de Maasvlakte (die sinds 2004 wordt ontsierd door zes reusachtige windmolens). We zijn daar altijd alleen omdat voor de meeste fotografen de afstanden te groot zijn. Behalve de zee is de meest natuurlijke omgeving van een zeeschip die van de haven. In tegenstelling tot de vele (vaak saaie) luchtfoto's die van schepen op zee worden gemaakt, fotograferen wij ze feitelijk op natuurlijker wijze, zoals de zeeman zelf ze ziet - "vanaf zijn eigen schip". Maar dan vanaf de wal, de waterkant, vanwaar we een schip op zee, afstekend tegen lucht en horizon, kunnen vastleggen. Daarom zoeken we bij gelegenheid ook wel eens de vloedlijn op om een schip "buitengaats" te fotograferen. Daarnaast zal de lezer ook foto's tegenkomen die we vanaf de veerboot naar Engeland of vanaf sleepboten hebben genomen. De mooiste plek om schepen buitengaats te fotograferen is vanaf de enige jaren geleden aangelegde noordwestelijke zeedijk. Deze is echter alleen te voet bereikbaar; men is dan overgeleverd aan de elementen en vanaf windkracht 8 kan het daar gevaarlijk zijn. Vandaar het bord "Betreden op eigen risico".

Het achterschip van de Kuweitse supertanker Al Samidoon (Kuwait, 1992, 284.890 dwt) bij binnenkomst in de Maasmond in 2004, geassisteerd door slepers van Smit. 300 mm.

Over de auteur - mijn fotografie

Van jongs af aan heb ik een bepaalde "gevoelsrelatie" met Rotterdam gehad, daar ik onder de rook van die stad ben geboren. In de Hoekse Waard, van waaruit mijn vader, na zijn opleiding tot stuurman op de grote vaart aan de Rotterdamse Zeevaartschool, in de jaren 20 van de vorige eeuw de wereld in trok. Aanvankelijk op de "Batavier III" van de Batavierlijn, de toenmalige veerdienst naar Londen. Vervolgens op de "Jobshaven", een trampvaarder van Gebr. Van Uden (nog altijd "in business"), en daarna bij de Holland Amerika Lijn (HAL). Eerst op de "Kinderdijk" en uiteindelijk op het passagierschip "Rotterdam". Ik ben dus van kindsbeen af opgegroeid met zeevaart en schepen. Toen ik 8 jaar oud was, kon ik de 32 streken van het kompas al "opdreunen", desnoods "achterstevoren", en ook kon ik alle zeilen van een driemastbark benoemen, iets wat me thans slecht afgaat.
Vader leerde me ook dat er zoiets bestond als een "azijnhoutenankerkettingsluitingopsluitpen", een borgpen dus van azijnhout voor de sluiting van de ankerketting. En ook rijmpjes als - "Bij krimpende wind en uitgaande vrouwen, daar kan een zeeman zijn koers niet bij houwen". Toen ik wat ouder was legde hij me de methode van "boldriehoeksmeting" uit voor positiebepaling op zee.

In 1951 hebben we aan de Wilhelminakade eens op de brug gestaan van de beroemde "Nieuw Amsterdam", het toenmalige vlaggenschip van de koopvaardij, evenals op het oude stoomschip "Volendam". Diezelfde middag werden we door de kapitein van de Noorse windjammer "Viking" uitgenodigd op de thee in zijn luxe kajuit. De bark was toen cokes aan het laden in de Waalhaven, was dus nog een koopvaardijschip. Toen ik 12 was, hebben we samen een model gebouwd van de Nieuw Amsterdam, schaal 1 : 100, naar het originele bestek van de Rotterdamse Droogdok Maatschappij. Compleet met alle spanten, davits, reddingsboten, raampjes, patrijspoorten, ankerkettingen (van een horlogeketting) en railings, gemaakt van kartonnen Blueband-dozen, schoenenoogjes, knopspelden en naaigaren. Een groot model dus van 2,31 m lang, daar de Nieuw Amsterdam 231 meter lang was. Twee jaar later, toen ik precies wist hoe dat moest, heb ik zelfstandig een verkleinde weergave van dat schip gebouwd, ook met twee schoorstenen en twee masten (van breinaalden) en had ik dat (fantasie)model de naam "Prinsendam" gegeven. Zo'n 20 jaar later zou de HAL een "echte Prinsendam" hebben, het schip dat op 10 oktober 1980 bij Alaska door brand verloren ging. Maar mijn eigen "Prinsendam" is er nog steeds; de "kleine", evenals de "grote" Nieuw Amsterdam helaas niet meer. Tot de verhalen die me altijd zijn bijgebleven was ook dat van de kapitein van de Jobshaven. Die zou in staat van dronkenschap op een kwaad moment alle navigatieboeken vanaf de brug in zee hebben gegooid. En ook zou vader in de Braziliaanse havenstad Bahia aan boord van hetzelfde schip eens een hevige knal hebben gehoord. Toen hij ging kijken, bleek het tentdoeken zonnescherm van de brug door een windhoos in de lucht te zijn gevlogen. Onmiddellijk daarna had hij enkele walkranen als een rij dominostenen het water in zien donderen...En ook nog dit ooggetuigeverslag: Toen de "Rotterdam" op een goede dag uit Southampton was vertrokken richting New York, zou de "Olympic" van de White Star Line (zusterschip van de "Titanic") een dag later vertrekken. Maar midden op de Atlantic haalde de Olympic de Rotterdam in en voer het met een vaart van meer dan 25 knopen voorbij. Een paar dagen later, terwijl de Rotterdam nog steeds naar New York op weg was, kwam de Olympic haar alweer met grote snelheid tegemoet op haar terugreis naar Southampton. Vandaar de term - "Greyhounds of the Atlantic", waarmee de grote Britse, Franse en Duitse oceaanstomers van die tijd werden aangeduid. Ik heb vader destijds meermalen geadviseerd een boek te schrijven over al zijn belevenissen op zee, maar daar is hij nooit aan toe gekomen.

Omdat ik van jongs af ook altijd goed met het tekenpotlood overweg kon, heb ik zo tot m'n 16de jaar ook heel wat schepen getekend (zoals de oude Queen Mary), maar ook auto's en vliegtuigen. Later ben ik daar mee gestopt omdat met het volwassen worden je blik wordt verruimd, en ben ik van alles gaan tekenen en schilderen - landschappen, zeegezichten, stillevens, dieren, naakten en portretten. Inmiddels was "het schip" meer en meer verdrongen door "het vliegtuig" - straaljagers, bommenwerpers en raketvliegtuigen, en ging mijn belangstelling ook steeds meer uit naar de ruimtevaart. Zodoende kon het gebeuren dat ik me 20 jaar lang heb beziggehouden met het vak van luchtvaartjournalist (militaire luchtvaart) en half Europa heb afgereisd om vliegbases te bezoeken en NAVO-oefeningen te verslaan voor nationale en internationale luchtvaartbladen, waaronder Amerikaanse, Engelse, Franse en Japanse. In 1978 had ik een fotoboek gepubliceerd over de Amerikaanse luchtmacht in Europa en heb ik onder meer gevlogen in een Apache gevechtshelikopter en een Boeing KC-135 tankvliegtuig dat straaljagers en bommenwerpers in de lucht van brandstof voorziet. In Amerika (Pensacola, Florida) had ik de USS "Lexington" bezocht (heeft nog meegedaan aan de grote zeeslagen in de Pacific), evenals het supervliegkampschip de USS "Theodore Roosevelt". En ook ben ik enige tijd co-auteur geweest van het "Jaarboek Luchtvaart" van uitgeverij De Alk. In 1993 had ik tijdens een grote vliegshow in Engeland een dramatische botsing in de lucht vastgelegd van twee Russische Mig-straaljagers, een verslag dat in het blad "Panorama" werd gepubliceerd. Een jaar later startte dit blad een reclamecampagne naar aanleiding van dit (niet-fatale) ongeluk en werden overal in den lande posters en billboards van mijn foto vertoond: in de grote steden, op stadsbussen, bushaltes en langs autosnelwegen.

Kleurpotloodtekening van de beroemde Queen Mary door de auteur op 14-jarige leeftijd.

De allereerste scheepsfoto door de auteur gemaakt - Het vrachtschip Benattow van de Schotse Ben Line, Edinburgh, vaart op 19 augustus 1975 de pieren van IJmuiden binnen.

Ondertussen had ik incidenteel wel eens een paar foto's van zeeschepen gemaakt als ik weer eens met de veerboot naar Engeland ging om NAVO-bases te bezoeken. De eerste keer was echter in 1975 tijdens de eerste Sail Amsterdam manifestatie en die foto (in zwart-wit) werd meteen ook een van de mooiste die ik gemaakt heb: het oude vrachtschip "Benattow" van de Schotse Ben Line (kort na de oorlog gebouwd).
Pas vanaf 1990 ben ik op de Maasvlakte schepen gaan fotograferen en eerst vanaf 1997 regelmatig. De foto's in dit boek zijn dan ook vooral vanaf die periode genomen en ik maak ze met de meest basale, zelfs ouderwetse middelen. Niet met moderne digitale camera's dus met "autofocus" en "beelddiskettes", maar met twee bijna 30 jaar oude Canon reflexcamera's en vier even oude tele(zoom)lenzen. Ook fotografeer ik alles uit de hand, zonder statief omdat dat aan zee praktisch onbruikbaar is. Als "statief" gebruik ik het portierraam van mijn auto. Voor nacht- en schemeropnamen maak ik gebruik van het platte dak van de oude auto (moderne auto's hebben een gerond dak waar de camera van afglijdt). Daarop plaats ik de camera met telelens en richt hem door er hulpstukken als lenskappen e.d. onder te schuiven. Tijdopnames maak ik met een draadontspanner, waarbij ik enkele lange sluitertijden uitprobeer door de seconden hardop af te tellen, zodat er per object ten minste een of twee goede opnames bij zijn.
Behalve met de nodige foto-uitrusting en proviand, ben ik voorzien van een grote kaart van het Rijnmondgebied van het Havenbedrijf, een getijdenalmanak en enkele recente nummers van Lloyd's Shipping Index, waar de gegevens in staan van duizenden schepen. Dit om de meeste van de waargenomen schepen te kunnen identificeren. Ik vertrek altijd op een vast tijdstip van huis - 's nachts om 1.30 uur. Zo sta ik nooit in de file en kan ik na aankomst in Europoort van het eerste daglicht gebruik maken. Om te overnachten zette ik de auto altijd op een verharde plek vlak aan het water, half verscholen achter enkele grote basaltblokken die daar overal lagen voor 't geval de zee tijdens een winterstorm weer eens een hap uit het land neemt. Maar die plek bestaat niet meer.

Voor zover bekend ben ik de enige in Nederland die op die manier zeeschepen fotografeer. Dan maak je soms ook vreemde of nare dingen mee. Zoals die twee politieagenten die dachten dat ik zelfmoord wilde plegen omdat een jaar eerder iemand dat vanaf dezelfde plek had gedaan door met zijn auto het water in te rijden. En dat angstige moment dat je in het pikdonker zelf eens bijna in het water bent gereden. Dat in het holst van de nacht een span husky sledehonden in volle vaart bijna tegen je auto aanbotst. Dat van dichtbij de bliksem inslaat. Dat je komt vast te zitten in het mulle zand, in de eenzaamheid eens bijna zonder benzine komt te staan, een lekke band krijgt en door een obstakel je knalpijp losschiet. Ontdek je dat je te weinig films bij je hebt en blaast de storm je zonnebril van je hoofd en aan diggelen. En om de gewenste foto's te maken klim je wel eens op een spoorwagon, op een onbemande baggerschuit, op het dak van je auto, op de top van een duin en daal je bij eb wel eens af naar het water, maar kun je vanwege het glibberige zeewier haast niet meer terug de wal op. Door de jaren heen zijn dit dan ook typisch mijn ervaringen als gedreven scheepsfotograaf. Dan krijg je wel eens toestemming vanaf de brug van een supertanker de zaken in ogenschouw te nemen. Dan mag je met sleepboten meevaren die ertscarriers, supertankers en containerschepen weghelpen of ze uit zee binnen brengen en word je zelfs uitgenodigd een paar dagen op de boot te verblijven.

Je staat er overigens versteld van hoeveel fauna zich in Europoort en op de Maasvlakte bevindt. Vogels van velerlei pluimage hebben hier hun habitat en over de konijnen struikel je bijna, ondanks de grote maritiem-industriële en petrochemische complexen. Vandaar dat heel wat vogelaars hun hobby ook op de Maasvlakte uitoefenen. Zoals ik dat doe met de mijne. Bijvoorbeeld dat niets me een grotere "kick" kan bezorgen dan wanneer ik uit zee de karakteristieke, massieve vorm zie opdoemen van een naderende supertanker of ertscarrier. Maar al geruime tijd voor het schip van achter de zeedijk zichtbaar wordt, weet ik dat er iets heel groots staat aan te komen. Omdat er lang van tevoren vier sleepboten van Smit, Kotug of Fairplay langzaam richting zee komen opstomen en de naderende mastodont liggen op te wachten. Wanneer het schip, met twee zeeloodsen aan boord en altijd voorafgegaan door de RPA 15 of RPA 16 (vroeger door de "Havendienst 17" of "18") van de Haven Autoriteit de Maasmonding dicht is genaderd, varen de sleepboten het tegemoet om het eerst te begeleiden en zich er vervolgens aan vast te maken. Welke prachtige "plaatjes" dit kan opleveren, kunt u zien in dit boek. U zult uw ogen uitkijken!

De voormalige plek aan de Maasmond waar de auteur menige nacht in de auto heeft doorgebracht. Foto genomen tijdens de zware storm van windkracht 11 op 27 oktober 2002, richting Hoek van Holland.

De containercarrier Lykes Innovator (Douglas) bij windkracht 8 Beaufort, gezien vanaf "Slag Maasmond" in oktober 2002. 400 mm.

De baggerzuiger Cornelia passeert in de monding van de Waterweg het uitgaande Chinese vrachtschip Anze Jiang (Quanzhoo) in 2001. Links het werkbootje Panter. 400 mm.

De klassiek gelijnde Griekse reefer van Noorse makelij, Frio Chile (Limassol, 1974) van Laskaridis Shipping, Athene, op uitreis van de European Fruit Terminal in Schiedam in 1994. Ze heeft haar 8 laadbomen nog 'ouderwets' gestaagd als in de dagen van weleer. 400 mm.

Representatief voor het traditionele stukgoed-vrachtschip was de Russische Olenegorsk (Murmansk, 1965), binnenkomend op de Nieuwe Waterweg in 1999; @ Alang, India, 28-8-2000. 400 mm.

Onder:
Een gelijksoortig type schip, maar van wat jongere datum is de Syrische Hasan S (Lattakia, 1976, 8159 dwt) van Samin Shipping Co.Ltd., Limassol. 400 mm.

De Nederlandse kruiplijncoaster Osiris (Harlingen, 1985) gezien vanaf de zeedijk bij windkracht 6. Genoemd naar de Egyptische god van de dood en wedergeboorte. 400 mm.

De uitgaande coaster Queen (?) en baggerzuiger Cosmos (?) in de Maasmond in juli 1982. 200 mm.

Onder:
Sfeervolle opname van de P&O ferry Norsea (Hull, 1987), uitgaand in 2001. 300 mm.

Het lijkt of de Smit Polen slechts een zelfvarende boegsectie van een bepaald zeeschip escorteert, in dit geval behorend tot het Amerikaanse half-afzinkbare zwareladingschip American Cormorant (Majuro, 1975, 52.092 dwt) op weg naar een ligplaats in het Calandkanaal in september 2003. 400 mm.

Onder:
De American Cormorant wordt 180 graden gedraaid alvorens aan boeien te worden afgemeerd. 400mm.

De Zweedse supertanker Stena Concordia (Monrovia, 1973, 269.296 dwt) passeert het Noorse koelschip Swan River (Oslo) in 1998. 400 mm.

De Japanse autocarrier Coral Highway (Panama) en het zwareladingschip Mighty Servant 3 (Willemstad, 1984, 27.720 dwt) van Dockwise passeren elkaar in de Maasmond in september 1999. 400 mm.

Tot slot van dit hoofdstuk het containerschip Maersk Itajai (Willemstad) en de Cypriotische tanker Chembulk Vancouver (Monrovia, 1997, 32.680 dwt) in 2002. Itajai is een deelstaat van Brazilië. 400 mm.

De Amerikaanse tanker Lynncraig (Panama, 1986, 98.358 dwt) bij aankomst in de Maasmond met op de achtergrond de Stena Discovery HSS catamaran op weg naar Harwich.

Midden:
Deze foto's zijn elkaar's verlengde. Links de noordwestelijke zeedijk van de Maasvlakte. Aansluitend rechts het zuidelijk havenhoofd of "paddenstoel". De schepen zijn het Turkse bulkschip Ömer (Istanbul, 1975, 12.005 dwt), oploevend tegen de zuid-zuidwester, en de Noorse supertanker Front Crown (Nassau, 1999, 311.168 dwt).

De Schotse shortsea tanker Benmacdhui (Leith, 1976, 2567 dwt) inkomend bij Hoek van Holland in 1987. Werd later de Deense Irene Wonsild. Op de achtergrond de Zuiderhavendam van de Maasvlakte, jaren voor de aanleg van de zeedijk, met links de opslagtanks van de Maasvlakte Olie Terminal en rechts die van de Nerefco-raffinaderij.

4. ROTTERDAM - WERELDHAVEN

De bulkcarrier Bosporus (Limassol, 1995, 150.973 dwt) bij de werf van Keppel Verolme in 2004, geflankeerd door de Saoedische chemicaliëntanker NCC Baha (Bergen, 1985, 24.728 dwt).

De haven van Rotterdam is al meer dan 40 jaar de belangrijkste en grootste haven van het Europese continent, ofwel "Europoort": de poort naar Europa, vaker aangeduid als "Mainport Europe". Vanaf 1962 - toen het New York voorbijstreefde - was Rotterdam ook de grootste haven ter wereld, een status die het sinds 2004 moest afstaan aan Shanghai en in 2006 ook aan Singapore. Zowel qua oppervlak, circa 10.000 hectare, in aantal bezoekende schepen per jaar (30.000, hoewel afnemend daar schepen alsmaar groter worden), als in goederenoverslag - in 2004 meer dan 350 miljoen ton, in 2005 een 365 miljoen ton en in 2006 een 377 miljoen ton, ofwel meer dan driemaal die van Hamburg. Producten uit alle delen van de wereld, met name het Verre Oosten, het Midden-Oosten en Noord- en Zuid-Amerika, worden naar Rotterdam verscheept en gaan na opslag - al dan niet verwerkt - per vrachtwagen, trein (de Betuwelijn, die op de Maasvlakte begint en eindigt), boot (rijnaak en duwbak) of ondergrondse pijpleiding naar het Europese achterland. Met name het Duitse Roergebied, maar via de Rijn en Donau ook naar Midden- en Oost-Europa. Omgekeerd gaan goederenstromen uit Europa via de Rotterdamse haven naar bestemmingen over de hele wereld. De verdeling van het achterlandvervoer gaat voor 27% over de weg, 48% gaat over water, 22% via pijpleidingen en tot de Betuwelijn gereed is gaat slechts 4% per spoor. Het haven- en industriegebied biedt rechtstreeks werk aan 60.000 mensen en indirect aan ruim 200.000. De bijdrage aan de Nederlandse economie is ruim 5,5 miljard Euro, ofwel zo`n 10% van het Bruto Nationaal Product. Binnen een straal van 500 km rond Rotterdam wonen 180 miljoen relatief koopkrachtige mensen en dat is uniek in de wereld. Daarmee is Mainport Rotterdam een logistiek wereldknooppunt, een doorvoerhaven of "draaischijf" in optima forma van en naar de hele wereld. Waar producten als aardolie, chemicaliën, half-fabricaten, kolen, erts, staal, mineralen, schroot, containers, auto`s, machines, elektronische apparatuur, gebruiksartikelen en landbouw-, bosbouw-, veeteelt- en visserijprodukten als graan, hout, papier, vlees, vis, fruit en zuidvruchten worden aangevoerd, uitgevoerd en doorgevoerd.

Recente Historie

Tijdens de Tweede Wereldoorlog werd een groot deel van de Rotterdamse havens verwoest, maar in de jaren daarna in snel tempo weer opgebouwd. Daarop volgde de gestage uitbreiding naar het westen - eerst de Botlek, dan Europoort en vervolgens de Maasvlakte, terwijl de plannen gereed zijn voor de aanleg van de Tweede Maasvlakte. In 1947 wordt besloten het Botlekgebied aan te leggen. In 1957 is dit project afgerond en heeft Rotterdam er een havengebied bij gekregen voor de opslag en verwerking van (petro)chemische producten, de overslag van ertsen en andere bulk, evenals voor de scheepsbouw. In 1955, nog voor de Botlek klaar is, worden plannen gemaakt voor verdere uitbreiding naar het westen, wat uiteindelijk resulteert in een havengebied voor grote tankschepen op de westelijke punt van Rozenburg - Europoort, waarvan de bestemming dus aanvoer van ruwe olie is, evenals de verwerking daarvan. In heel Europa is namelijk geen diepe haven die de steeds groter wordende olietankers kan ontvangen. In Europoort worden daarom havens en een toevoerkanaal gegraven die diep genoeg zijn voor deze schepen - het Calandkanaal, dat met de havenbekkens op sommige plaatsen een diepte heeft van 25 meter. Ter vergelijking: de vaargeul in de Nieuwe Waterweg is "slechts" 17 meter diep. In 1891 bijvoorbeeld, had het grootste schip dat Rotterdam aandeed een laadvermogen van 3000 ton ("deadweight"). In 1965 waren dat al olietankers van 150.000 ton dwt. en in 1970 van 300.000 ton dwt. In Europoort wordt de aangevoerde ruwe olie ("crude") opgeslagen in tanks en gaat vervolgens al of niet geraffineerd via honderden kilometers pijpleiding naar het Europese achterland. De meeste pijpleidingen worden aangelegd voor het transport van vloeistoffen als nafta, benzine, dieselolie en kerosine. Daarop zijn ook de brandstofdepots van de NAVO aangesloten. Grote bedrijven die zich in de Botlek hebben gevestigd zijn Keppel Verolme, Shell Pernis, Shell Chemie, Esso Nederland, Nerefco (Netherlands Refinery Company), Van Ommeren Pakhoed (Vopak), Akzo Zout Chemie, DSM, ICI, Odfjell en Stolt. Die in Europoort en de Maasvlakte zijn onder meer Vopak, MET (Maatschap Europoort Terminal), Kemira, ARCO Chemie, Exxon Chemical, Caldic, TEAM (Texaco Esso Aramco Maatschap), Kuwait Petroleum (Q8), Shell Europoort, Nerefco Europoort, Eastman, de EBS (European Bulk Services), de EECV (Ertsoverslag Europoort CV), de EMO (Europees Massagoed Overslag), de Maasvlakte Olie Terminal (MOT), de ECT (European Container Terminus), Maersk, Euromax, DFDS Tor Line en Lyondell Bayer. Bij de EECV en EMO wordt erts overgeslagen voor de Duitse staal- en automobielindustrie. Juist ten zuiden van de Calandbrug liggen de Rozenburgse getijdesluizen, die Caland- en Hartelkanaal met elkaar verbinden. Jaarlijks gaan er zo`n 35.000 binnenvaartschepen en zeeschepen door de sluis, die 304 m lang, 24 m breed en 6,5 m diep is. Bij open sluisdeuren zorgt een verticaal luchtbellensysteem ervoor dat zout en zoet water gescheiden blijven. In de sluis kan een volledige zesbaks duwcombinatie worden geschut.

Twee schepen gelijk op de Maasmond binnenvarend, gezien vanaf de vloedlijn in 2001. Links de splinternieuwe P&O ferry Pride of Rotterdam (Rotterdam, 2001), destijds met zusterschip Pride of Hull de grootste veerboten ter wereld. Rechts de Zweedse papiercarrier Ortviken (Helsingborg, 1996).

Op 21 juli 2004 werd 's werelds grootste haven voor het eerst bezocht door 's werelds grootste passagiersschip, de Queen Mary 2, hier op haar uitreis in de Nieuwe Waterweg, begeleid door vaartuigen van de Zeehavenpolitie en de Havenautoriteit, met als tegenligger de Duitse kruiplijncoaster RMS Laar (Duisburg).

Baggerwerkzaamheden gaan in de Maasmond altijd door, zoals hier de W.D.Gateway (Papendrecht, 1969) in 1993.

De Maasvlakte

Zo heeft het Rotterdamse havengebied zich in zeer snel tempo steeds verder in de richting van de Noordzee uitgebreid. Met Europoort is de uiterste grens bereikt. Tussen Rotterdam en de Noordzee is geen beschikbaar land meer om tot havengebied te bestemmen. Maar al voordat Europoort wordt opgeleverd is er nog steeds vraag naar bedrijfsruimte, met name aan diep vaarwater. Daarom wordt in 1961 besloten een stukje Noordzee in land te veranderen: de Maasvlakte. In 1963 wordt begonnen met de uitvoering van het project en twaalf jaar later, in 1975, is de Maasvlakte voor het grootste deel gereed. Zo is het havengebied meer dan 40 km lang geworden - van Rotterdam tot een eind voorbij Hoek van Holland. Met de drooglegging van de Maasvlakte moet ook de haveningang worden verlegd en uitgediept. Tevens wordt de vanaf de Hoek in zee stekende Noorderpier met drie kilometer verlengd. Dit is noodzakelijk om de grote olietankers en ertscarriers een uitloop te geven. Deze schepen minderen ver op zee al vaart en hebben daarna een grote uitloop nodig. Rond de Maasvlakte wordt een 12 km lange dam aangelegd, de Zuiderhavendam. Deze zorgt ervoor dat de stroming langs de kust wordt verlegd van zuid-noord of noord-zuid naar west-oost of oost-west. Dat maakt het voor schepen makkelijker om binnen te komen. De dammen zijn gemaakt van een onderlaag van grind en breuksteen, waarop 40 tot 50 ton zware betonblokken zijn gestort door speciaal daarvoor gebouwde schepen. Aan het eind, respectievelijk het begin van beide dammen zijn twee helikopterplatforms boven op een rood-witte en groen-witte signaaltoren geplaatst – de havenhoofden, ook wel de "paddenstoelen" genoemd. Deze zijn voorzien van signaallichten en worden dan aangeduid als "het lager-licht". De Maasmonding is daar zo'n 900 meter breed. Speciaal voor de diepstekende mammoetschepen is ook de vaargeul aangepast. Deze wordt naar zee toe 57 km lang, richting lichteiland Noordhinder en krijgt op de Noordzee een breedte van 500 meter: de Eurogeul of Maasgeul. De diepte van de geul neemt in de loop der jaren steeds meer toe. Was de geul aanvankelijk voor schepen met een diepgang tot 17,40 meter toegankelijk, oftewel een geuldiepte van 20 meter, in 1968 wordt bepaald dat de geul dieper moet worden, namelijk 23 meter. Dit in verband met de blokkade van het Suezkanaal in 1967. Schepen moeten door die maatregel helemaal om het puntje van Zuid-Afrika - Kaap de Goede Hoop - heen varen om in Europa te komen. Daarom werden nog grotere schepen gebouwd die nog dieper steken - meer dan 20 meter en moest vanaf 1971 de diepte meerdere malen worden aangepast. Eind jaren zeventig werd de geul bij vloed meer dan 25 meter diep. Daarmee is de Maasmonding de diepste gegraven vaargeul ter wereld. Genoemde diepte zal in de toekomst zo blijven daar de grootste mammoettankers, die allemaal in de tweede helft van de jaren 70 zijn gebouwd - de ULCC`s of Ultra Large Crude Carriers - thans zo goed als zijn "uitgestorven". Ongeveer 40 kilometer uit de kust heeft de Eurogeul een speciale voorziening die men zou kunnen omschrijven als een "parkeerhaven" of ankerplaats. Deze biedt diepstekende schepen, zogenoemde "geulers", de mogelijkheid om wat voor reden dan ook om te keren of daar voor anker te gaan, zonder de vaargeul te blokkeren. Bijvoorbeeld in geval van motorstoring of wanneer op hoogwater moet worden gewacht. Begeeft een geuler zich eenmaal voorbij dit punt richting Maasmond, dan kan het schip niet meer terug en zal het zijn weg in de geul moeten vervolgen, eventueel met assistentie van sleepboten. De "parkeerhaven" wordt ook gebruikt voor het geval een schip moet wachten op kaderuimte. Door de grote dichtslibgevoeligheid van de Nederlandse zeehavens moeten de Eurogeul en Maasmond voortdurend worden uitgebaggerd, een proces dat dag in dag uit, jaar op jaar volcontinu doorgaat.

Bij de totstandkoming van de Maasvlakte behoort ook de aanleg van de zogenaamde splitsingsdam. Deze dam deelt de Maasmonding in twee parallelle vaarwegen. Langs de zuidzijde ervan zijn de diepe havenbekkens van het Calandkanaal; ten noorden van de dam ligt de Nieuwe Waterweg. De dam voorkomt dat slib en zand dat vanuit de Rijn in de Nieuwe Waterweg bezinkt, in het Calandkanaal terechtkomt. Op de dam staan vier signaaltorens van tussen de 20 en 50

Soms kan in de Waterweg een zeldzaam schip worden waargenomen, zoals in mei 2003 het Chinese stukgoedvrachtschip Oriental Kiku (Limassol, 1984, 14.600 dwt), een type SD14 (Shelter Deck 14.000 dwt) waarvan er vanaf eind jaren '60 tot in de jaren '80 in verscheidene landen vele zijn gebouwd naar een klassiek, gestandaardiseerd en eenvoudig Brits ontwerp ter vervanging van de oude Liberty en Victory schepen uit de Tweede Wereldoorlog.

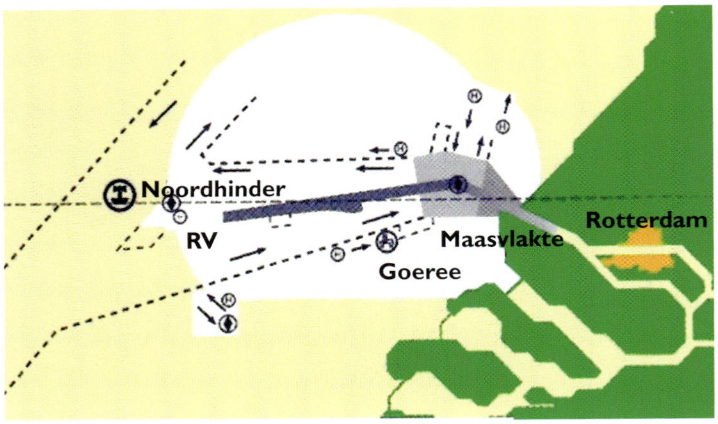

Voorstelling van de Eurogeul met halverwege de parkeerhaven voor diepstekende schepen. (Copyright Het Loodswezen)

meter hoog die dag en nacht in paren constant een langzaam aan en uit gaand knipperlicht uitzenden, dat door schepen op zee al "van achter de horizon" kan worden gezien, dus feitelijk fungeren als "vuurtorens". Een "echte", zo'n 70 meter hoge onbemande vuurtoren met zwaailichten, tevens radartoren, staat op de Maasvlakte.

Het noordelijke deel van de Maasvlakte is ingericht voor grootschalige opslag van ruwe olie. De olie is van diverse tankopslag- en oliemaatschappijen die de Maasvlakte Olie Terminal (MOT) hebben opgericht. Hier is een deel van de strategische oliereserve van Nederland opgeslagen. Vanaf de tijd dat de MOT zich vestigde, heeft olieopslag een hoge prioriteit, omdat men voor de toevoer minder afhankelijk wil zijn van de OPEC-landen. Massagoed als kolen en ertsen komt binnen bij de Europese Massagoed Overslag, de EMO, die in de Mississippihaven diepstekende, met erts en kolen beladen bulkcarriers ontvangt. De lading wordt door grote grijperbrugkranen overgeslagen op het opslagterrein en van daar in rijnaken en duwbakken geladen. Dat gebeurt in de aangrenzende Hartelhaven. Via het Hartelkanaal, dat evenwijdig loopt aan de A15, gaan de goederen vervolgens over de Oude Maas en Beneden Merwede naar het Europese achterland. In het middengebied van de Maasvlakte staat de E-ON elektriciteitscentrale. Deze grote centrale heeft veel koelwater nodig, dat aan de ene kant vanuit de Europahaven wordt ingenomen en aan de andere kant - opgewarmd - wordt uitgelaten in de Noordzee.

Ook de offshore is vertegenwoordigd. Direct ten zuiden van de 8ste Petroleumhaven van de MOT bevinden zich in het water twee vaste locaties voor afmeren en reparatie van offshore constructies als boorplatforms en werkeilanden, zoals dat in de Botlek plaatsvindt bij de reparatiewerf van Keppel Verolme. Tevens kunnen half-afzinkbare zwareladingschepen dergelijke enorme bouwsels aan boord nemen. Dat gebeurt ook op locaties aan het Calandkanaal, waar ligplaatsen zijn voor offshore rederijen als Heerema Marine Contractors, Allseas Engineering en Dockwise. Op de Maasvlakte bevinden zich ook twee baggerdepots, een groot depot voor minder verontreinigd havenslib – de Slufter – en een klein depot voor zwaar vervuild slib – de Papegaaienbek. Jaarlijks gaat er 10 miljoen kuub verontreinigd slib in de Slufter, dat door baggerschepen wordt aangevoerd. Bij de ontwikkeling van de Maasvlakte werd al rekening gehouden met een toekomstige container-overslag, hoewel die toen nog in de kinderschoenen stond. Inmiddels heeft zich op dit gebied een ware revolutie voltrokken, zoals blijkt uit de uitgestrekte terreinen van de Delta-terminal van de ECT (European Container Terminus) en Maersk aan de Europahaven en Amazonehaven, evenals de nieuwe Euromax-terminal aan de Yangtzehaven, waar 's werelds grootste containerschepen kunnen worden behandeld. Andere containerterminals bevinden zich in de Waalhaven, het Eemhavencomplex tussen de oude stadshavens en de Botlek, evenals in de Britanniëhaven bij Rozenburg. Thans wordt gewerkt aan de voorbereiding voor de aanleg van de Tweede Maasvlakte, die voornamelijk uit geautomatiseerde containerterminals zal bestaan.

Rotterdam Teleport

Eerder schreven we over de vier signaaltorens op de splitsingsdam. De twee voorste of meest westelijke torens van respectievelijk ca. 30 en 50 meter hoog, staan zodanig opgesteld dat wanneer een roerganger vanuit zee de signaallichten van de torens recht boven elkaar ziet staan, hij weet dat zijn schip zich in de correcte vaarpositie bevindt. Dit komt overeen met een koers van 112 graden ten opzichte van het ware zuiden, ook wel de "centrale lichtenlijn" van de Maasmond genoemd. Zo is er ook een "lichtenlijn Waterweg" van 107 graden in Hoek van Holland en een "lichtenlijn Europoort" van 116 graden op de splitsingsdam, eveneens met elk twee signaaltorens. Gerekend vanaf de havenhoofden snijden de drie lijnen elkaar in een punt op bijna 2 km buitengaats. Zolang dus schepen vanaf dit punt de assen naar de Waterweg of Europoort blijven volgen, is er "niets aan de hand". Voor geulers echter zijn deze visuele referentiepunten, evenals de radiocommunicatie met het verkeersleidingscentrum in Hoek van Holland onvoldoende. Daarom hebben loodsen die ver op zee aan boord van deze schepen gaan een koffer bij zich met twee GPS-ontvangstantennes en een laptop

Op de achtergrond van deze foto de beide signaaltorens van de centrale lichtenlijn 'Maasmond', met daar tussenin het zuidelijk havenhoofd en links de Maasvlakte. De schepen zijn de shortsea tankers Nordstraum (Bergen, 1985, 4200 dwt) en Crystal Emerald (Luxembourg, 1994, 8140 dwt).

Links:
De snelle loodstender Mercury komt langszij de ertscarrier Berge Pacific de "brown box" ophalen, de koffer met GPS-antennes en laptop.

Close-up van wat de automobilist het eerste ziet als hij via de A15 de Maasvlakte oprijdt - de terminals van de EMO, het Europees Massagoed Overslagbedrijf. De bulkcarrier is de Irenes Vision (Limassol, 1982, 145.177 dwt) van Tsakos Shipping, Athene.

computer. De antennes worden dan op de brugvleugels geplaatst, aan elk uiteinde één. Op deze wijze wordt vanuit GPS-satellieten zeer exacte plaatsbepalende informatie (zogenoemde DGPS of Differential GPS) opgepikt met een nauwkeurigheid van centimeters en uitgelezen op de laptop. Zo is het schip theoretisch in staat precies in de as van de Eurogeul te blijven. Gemakshalve wordt dit systeem nog altijd "de brown box" genoemd, naar het analoge Decca-apparaat dat vroeger werd gebruikt toen schepen nog geen gebruik konden maken van het geavanceerde hedendaagse Global Positioning navigatiesysteem en dat veel groter en zwaarder was dan een laptop. Zodra een geuler binnen de pieren van de Maasmond en dicht bij zijn ligplaats is aangekomen, komt er een snelle loodstender langszij om de "brown box" en mogelijk ook een van de beide loodsen van boord te halen.

Op ongeveer 8 mijl buitengaats wordt de Eurogeul gemarkeerd door de centrale Uiterton of Centerboei en vervolgens met links en rechts rood en groen geschilderde markeringsboeien, die 's nachts een signaallicht uitzenden (gevoed door zonnepanelen) en elk een naam met nummer hebben, b.v. "Maas 1, Maas 2, 3" enz. Ook de schepen zelf zijn uiteraard met navigatielichten uitgerust en wel vijf: Een wit licht in de voorste en achterste signaalmast, waarbij het licht in de achterste mast of hoofdmast hoger geplaatst moet zijn dan dat in de voorste mast; twee boordlichten, een aan bakboord (rood) en een aan stuurboord (groen), evenals met een wit kampagnelicht op de achterplecht. De witte lichten moeten zich in de langsas van het schip bevinden. De beide boordlichten bevinden zich normaliter aan de uiteinden van de brugvleugels, dan wel zoals bij supertankers en ertscarriers op een speciale constructie aan weerszijden van het dekhuis. 's Nachts moeten geulers en tankers aan de hoofdmast ook drie onder elkaar geplaatste rode waarschuwingslichen voeren wanneer zij zich in nauwe vaarwateren bevinden als het Engelse Kanaal, en één rood licht overdag. Zoals het kampagnelicht alleen zijwaarts en naar achteren mag schijnen en niet naar voren, mogen de overige navigatielichten alleen zijwaarts en naar voren schijnen en niet naar achteren. Het zijn geen felle lichten, daar ze anders verblindend zouden werken. De voorste signaalmast bevindt zich doorgaans op of achter de bak (het "boegdek") en heeft op oudere schepen soms nog een "echt kraaiennest" in de vorm van een open of gesloten uitkijkpost met raampjes in plaats van slechts een open platform met railing. Tevens bevindt zich aan deze mast meestal ook de scheepshoorn of anders aan de schoorsteen. De achterste signaalmast is bij moderne (bulk)schepen gewoonlijk op of direct achter het brughuis geplaatst, om dan tevens te fungeren als vlaggenmast. Want met vlaggen worden eveneens signalen gegeven. Bijvoorbeeld de loodsvlag (rood-wit). Wanneer die wordt gevoerd betekent dat - "Ik heb loods aan boord".

Het containerschip P&O Nedlloyd Calypso passeert de verkeerscentrale 'Europoort' in Hoek van Holland aan de monding van de Waterweg.

Het Britse roll-on/roll-off (ro-ro) containerschip Kagoro (Douglas, 1978) van de OT Africa Line, Londen, is de voormalige Nedlloyd Rotterdam, uitgaand in de Maasmond van de Britanniëhaven in 1997.

Wanneer zij zich in de vaarwegen naar en van de Maasmond bevinden, voeren geulers en grote containerschepen een zwart transparant, langwerpig signaal in de hoofdmast met de betekenis – "Ik kan niet uit de weg". In de vlaggenmast zijn doorgaans ook de vlag gehesen van het bezochte land en de rederijvlag, hoewel dat niet verplicht is. Voor tankers wel verplicht is de "gevaarlijke-ladingvlag", die geheel rood van kleur is. Op de kampagne wappert doorgaans de vlag van het "thuisland" of de "thuishaven", maar in plaats daarvan vaak ook aan de hoofdmast. Dit alles betreft echter uitsluitend de visuele navigatie en verkeersleiding, waarbij de zich aan boord bevindende loods de kapitein adviseert. De eindverantwoordelijkheid voor als er iets mis zou gaan blijft echter bij de scheepskapitein, en daarmee bij de rederij.

Zeker net zo belangrijk is de elektronische verkeersleiding en telecommunicatie (als reeds genoemd in het geval van de "brown box"). Want een schip vaart niet in zijn eentje. Het is vaak druk in de Maasmond, een van 's werelds drukste vaarwegen. En soms lijkt het wel of ook schepen "in de file staan", zoals we wel eens meenden te hebben geconstateerd. Niet stilliggend, maar heel langzaam zich voortbewegend. De routes van die schepen monden bij Hoek van Holland uit in een trechter van 340 meter breed voor de Nieuwe Waterweg en 500 meter voor het Calandkanaal. En ook is het geen eenrichtingsverkeer. Eenmaal in de haven ontmoeten de zeeschepen de ca. 110.000 binnenvaartschepen die jaarlijks vanuit het achterland ook op de Maasstad aankoersen. In dit alles spelen bij het manoeuvreren de sleepboten een cruciale rol. Hierin heeft de loods de leiding en volgen sleepbootkapiteins nauwgezet zijn instructies. Om dit intensieve verkeer te kunnen overzien, werd in de jaren '80 samen met PTT Telecom een nieuw Verkeers Begeleidend Systeem ontwikkeld (het VBS). Dit systeem bestaat uit drie centrales - de verkeerscentrale "Europoort" in Hoek van Holland, de centrale "Botlek" en de centrale "Stad" -, zes verkeerstorens en 31 radarinstallaties. Binnen een straal van 60 km uit de kust en 40 km landinwaarts worden alle scheepsbewegingen geregistreerd en op radarschermen gepresenteerd. Via de drie centrales worden de schepen geïnformeerd over de situatie ter plekke, zodat men aan boord de juiste beslissingen kan nemen. Hierdoor blijft de haven van Rotterdam ook bij slecht weer 24 uur per dag toegankelijk en veilig. In dit ultramoderne systeem speelt de telecommunicatie de hoofdrol. Maar ook bij de distributie van alle lading is telecommunicatie onmisbaar. Want elke ton olie moet uiteindelijk in het juiste reservoir belanden. Elke tros bananen in de juiste vrachtwagen. En elke container bij het juiste bedrijf. Dat levert een stroom van informatieverkeer op tussen honderden bedrijven, niet alleen in Rotterdam, maar over de hele wereld. PTT Telecom heeft daartoe in de jaren '80 een nieuw glasvezelnetwerk aangelegd met een enorme capaciteit. Hierdoor kunnen al deze bedrijven onbeperkt met elkaar communiceren. Thans verlopen die informatiestromen geheel via het Informatie Verwerkend Systeem of IVS. Computers dus met computers, systemen met systemen. En natuurlijk mensen met mensen. Daarom is informatietransport in de Maasstad net zo belangrijk geworden als goederentransport, ofwel "Rotterdam Teleport". Hierin speelt ook het bedrijf Koninklijke Dirkzwager in Maassluis een cruciale rol. Al sinds 1872 informeert Koninklijke Dirkzwager in continudienst de havengemeenschap over elke scheepsbeweging in het Rotterdamse havengebied. Als dé Maritime Information & Service Provider beschikt het bedrijf over de modernste informatie- en communicatiesystemen en kunnen de afnemers zowel van Dirkzwager's rapportageafdeling als van het eigen internetplatform gebruik maken, dus "online" en "realtime". Het gaat daarbij vooral om een zo precies mogelijke schatting van het verwachte aankomsttijdstip van een schip op basis van de

Het Turkse multi-purpose schip Kemah (Istanbul, 1985, 5500 dwt) van DB Turkish Cargo Lines, Istanbul, is in een van de stadshavens timmerhout aan het lossen, juli 1990. Op de achtergrond het Russische vrachtschip Sofia.

De Zuid-Koreaanse ertscarrier Ocean Queen (Busan, 1987, 187.864 dwt) ter hoogte van de landtong Papegaaienbek, geassisteerd door sleepboten van Smit en Fairplay.

vertrektijd uit de vorige haven, zodat bij aankomst de voortgang van het logistieke proces zo optimaal mogelijk zal verlopen. Daarbij is ook informatie over het schip zelf van belang, zoals naam, vlag, rederij, tonnage, lading, vaarsnelheid, het weertype in de vaarroute, etc. Tevens worden "online" de scheepskarakteristieken van de gehele wereldkoopvaardijvloot geleverd, die onder meer kunnen dienen voor marketingonderzoek. Al die gegevens zijn opgenomen in de centrale database "DataDirk". Gekoppeld aan deze database heeft Dirkzwager onder andere een aantal internetapplicaties voor de Port Community ontwikkeld, waarop zo`n 400 bedrijven zijn aangesloten met ruim 2500 gebruikers, vooral scheepsagenten, servicebedrijven, scheeps- en toeleveranciers, stuwadoors, evenals het Haven Coördinatie Centrum van het Havenbedrijf Rotterdam.

Vanaf 1 juni 2005 is het voor bezoekers van schepen verplicht om een vooraanmelding te doen aan de agent. Na toestemming wordt dit bericht doorgestuurd naar de te bezoeken terminal. De "tool" die Dirkzwager hiervoor ontwikkeld heeft – het koppelen van drie internetapplicaties – is een enorm succes. In het eerste jaar heeft het systeem ruim 500.000 aanvragen afgehandeld. De maritiem-logistieke ICT-afdeling van het bedrijf levert met zijn specifieke kennis adviezen en oplossingen voor het maritiem-logistieke marktsegment, waarbij ook technische ondersteuning en onderhoud aan operationele systemen wordt geboden.

Als "Nautical Service Provider" heeft Dirkzwager rond de 25 zeeloodsen in dienst die 24 uur per dag en zeven dagen per week oproepbaar zijn en grote schepen begeleiden die in het Engelse Kanaal en op de Noordzee varen, vanaf Cherbourg tot aan Denemarken en terug. Grote tankers worden beloodst tot helemaal aan Sullum Voe in de Shetland-eilanden en weer terug. Daarbij wordt assistentie verleend aan het navigatiepersoneel op de brug bij de communicatie met de havenautoriteiten. Tevens worden op het Nederlandse Continentale Plat en in het Engelse Kanaal zogenoemde Vessel Traffic Services verleend aan boord van offshoreplatforms, geulgravers, pijpenleggers en surveyschepen, evenals op vaartuigen van de Nederlandse Kustwacht. Dit alles om de veiligheid van de schepen en het milieu te waarborgen. Gezien het vele scheepvaartverkeer in deze zeegebieden, een van de drukst bevaren ter wereld, mag dit niet als een overbodige luxe worden beschouwd. Op deze wijze verbindt Koninklijke Dirkzwager alle schakels van de maritiem-logistieke keten en biedt het de afnemers de mogelijkheid gebruik te maken van elkaars specifieke kennis, of zoals men bij Dirkzwager zegt – "Setting Synergy in Motion".

Het Russische vrachtschip Tonya Bondarchuk (Murmansk,1972) bij het noordelijk havenhoofd. Zoals zoveel oude schepen is het in 2001 op mensonwaardige wijze gesloopt op de stranden van Alang, India.

De douaneboot Grote Stern met de bulkcarrier Cape Confidence (Limassol, 1982, 18.649 dwt) in de Maasmond.

Economie en Regelgeving

Het Rotterdamse havenbeleid is er altijd op gericht geweest nieuwe werkgelegenheid te scheppen, de economie op peil te houden en aan concurrentie het hoofd te bieden. Maar dat is simpeler gezegd dan gedaan. Want inmiddels is "de 11de september 2001" er geweest. Vooral sindsdien vertoonde de statistiek van de wereldeconomie een dalende lijn die zich bleef voortzetten. Waardoor rederijen, klanten etc. nog strakker op de kosten zijn gaan letten. Het lossen van de mammoettanker "Sea World" in 1999 bij de MOT bijvoorbeeld, kostte de opdrachtgever (Shell) alleen aan havenliggeld al ruim 500.000 gulden. Daar kwamen de kosten van zo'n 60.000 gulden voor loodsen en roeiers (die het schip met een stuk of 20 trossen aan de wal vastmaken en weer losmaken) nog bovenop, nog afgezien van bunkerkosten, proviand en de kosten van assistentie van de minimaal acht benodigde sleepboten bij het binnenkomen en uitvaren. In die kosten is de Rotterdamse haven - op de sleeptarieven na - altijd een van de duurste ter wereld geweest en de strengste op het gebied van veiligheid van en vervuiling door schepen. Rotterdam kon zich dat jarenlang ook permitteren omdat het beschikte over de beste en modernste faciliteiten, infrastructuur en dienstverlening. Op die gebieden hebben concurrenten als Antwerpen, Le Havre, Hamburg en Bremerhaven Rotterdam echter ingehaald, maar handhaven tegelijkertijd lagere prijzen voor dienstverlening en zijn ze minder streng. In zeehavens is het gebruikelijk dat vooral oudere schepen bij wijze van steekproef worden geïnspecteerd op technische staat en veiligheid. Die inspecties, zogenaamde "port state controles", worden door de Dienst Scheepvaartinspectie van Rijkswaterstaat uitgevoerd. Per jaar worden in Nederlandse havens gemiddeld 100 schepen aan de ketting gelegd, dat wil zeggen dat een schip eerst na het verhelpen van de geconstateerde mankementen weer mag uitvaren. Daarbij gaat het om 8% van alle geïnspecteerde schepen. De strenge regelgeving is overigens geen eigen initiatief, maar dat van de Europese Unie en die is in alle EU-landen dezelfde. Het gaat hier echter om de wijze van uitvoeren van die regels. Het is de Nederlandse overheid die hierin het strengste is. Er zijn niet minder dan 17 contro-

De Britse gewapende douaneboot Vigilant, gebouwd bij Damen Shipyards Gorinchem, in de monding van het Calandkanaal. Op de achtergrond de Saoedische supertanker Venus Glory, geassisteerd door Smit-slepers.

De Finse tanker Alfa America (Nassau, 1979, 88.765 dwt) aan de Shell-terminal in Europoort in 2001. Ze was een van de 50 schepen op de zwarte lijst van Greenpeace. Toen ze dan ook in maart 2006 als 'Alfaship' bij de sloper arriveerde werd ze aan de ketting gelegd omdat zich asbest aan boord bevond. @ Chittagong, Bangladesh, 3-2006.

lerende overheidsinstanties in de Maasstad actief, waaronder Douane, Zeehavenpolitie (beide ook verantwoordelijk voor de strijd tegen terrorisme), de Dienst Centraal Milieubeheer Rijnmond, de Inspectiedienst voor Vuurwerk, de Inspectie Voedsel en Waren Autoriteit, de Inspectiedienst voor Vlees en Vis, de Scheepvaartinspectie, evenals de Havenautoriteit zelf. Daarbij is het van belang dat zolang lading aan boord van een schip blijft, die lading de EU niet is binnengekomen, ook al ligt het schip aan de kade. Want het schip is "buitenlands grondgebied" en daarmee ook de lading. Namelijk het grondgebied van de "thuishaven" van het schip zoals die op de achterplecht staat vermeld. De gestrengheid van de controlerende instanties werd ook duidelijk door het incident met de Griekse bulkcarrier "John-R". In december 2000 was dit schip tijdens een storm voor de Noorse kust op de rotsen gelopen en doormidden gebroken, waarbij het voorschip was blijven drijven. Enige maanden later werd dit casco voor sloop naar Rotterdam verscheept. Toen men echter ontdekte dat er asbest in verwerkt was, werd het prompt naar Noorwegen teruggestuurd. Maar juist in de Rijnmond en elders in den lande zijn er gespecialiseerde bedrijven die perfect in staat zijn dat asbest op milieuvriendelijke wijze te verwijderen en te verwerken, zoals wel blijkt in het geval van de oude Mexicaanse tanker Otapan (1965). Bovendien is in bijna alle vóór 1985 gebouwde schepen asbest verwerkt (de John-R dateerde uit 1983).

Het is ons opgevallen dat rederijen altijd hun nieuwste schepen naar Rotterdam sturen, veel minder hun oudere, terwijl er natuurlijk veel meer oudere schepen zijn dan nieuwe. Afgezien van het feit dat ze graag hun nieuwste aanwinsten in Europa's grootste haven willen vertonen, lijkt dit een direct gevolg van de wereldwijd bekendstaande gestrengheid van de Nederlandse autoriteiten. Dit kan er mede toe geleid hebben dat Rotterdam sinds 2004 en na meer dan 40 jaar niet langer meer de grootste haven ter wereld is, maar Shanghai. Ook omdat China met zijn 'booming economy' veel minder streng is dan het Westen als het gaat om handhaving van veiligheid, technische staat en ouderdom van schepen en op milieugebied in het algemeen – het is letterlijk decennia achter op ons, maar bezig dat in te halen. Hong Kong, tot voor kort de grootste containerhaven ter wereld - Rotterdam is pas de zevende - zit de Maasstad dicht op de hielen, terwijl het in 2006 ook door Singapore is gepasseerd. Dit als gevolg van een rampzalige storing van nieuw geïnstalleerde software bij de ECT Delta-terminal die maanden duurde, waardoor goederen niet op tijd op hun bestemming kwamen en grote containerschepen wekenlang naar Antwerpen en Amsterdam moesten uitwijken, die er vanzelfsprekend wél bij voeren...

In verband met de toen nog braakliggende terreinen op de Maasvlakte hebben we het Havenbedrijf destijds het idee aan de hand gedaan daar een ultramoderne faciliteit te laten bouwen voor het ontmantelen van oude schepen. Een 'groene' scheepssloperij dus. Zodat eindelijk eens een begin zou worden gemaakt met het op verantwoorde, milieuvriendelijke wijze slopen van schepen. Want zoals dat tot nu toe gebeurt loopt het de spuigaten uit, is het gewoon ergerlijk wanneer men de beelden ziet. Niet alleen voor scheepsliefhebbers en milieubewuste lieden, maar voor verantwoordelijke mensen in het algemeen. Scheepseigenaren laten hun oude schepen ongezien op obscure stranden in de derde wereld eindigen - India (Alang), Pakistan (Gadani Beach), Bangladesh (Chittagong), Turkije (Aliaga) en China (Shanghai). Waar ze deels met blote handen en voeten voor een dollar per dag worden ontmanteld. Daarbij komen allerlei giftige en gevaarlijke stoffen vrij als asbest, zware metalen, gas- en olieresten en PCB's, die terechtkomen in het milieu en in de lichamen van de arbeiders. Brand, explosies en dodelijke ongelukken zijn op die stranden aan de orde van de dag. Hoewel we de activiteiten van Greenpeace op maritiem gebied niet altijd waarderen, protesteert het in dit geval daar zeer terecht al jaren tegen en onderneemt het ook actie. Het heeft een "zwarte lijst" opgesteld van 50 schepen van allerlei soort die de komende jaren op de nominatie staan te worden gesloopt en waarbij vanaf januari 2002 het spoor van elk van deze schepen overal ter wereld door vrijwilligers nauwlettend wordt gevolgd (Operatie Schoon Schip). Het enige wat Greenpeace van de reders eist is dat ze hun oude schepen

De Griekse bulkcarrier John-R (ex Geroi Stalingrada, Limassol, 1983, 52.450 dwt) van Transmed Shipping Ltd., Athene, in betere tijden. ↓ 2-1-2001 bij Tromsö, Noorwegen.

Rustieke scène bij de terminals van Vopak aan het Calandkanaal: De boeg van de Noorse tanker Arendal (Arendal, 1986, 106.650 dwt) omlijst het achterschip van de Russische tanker Kogalym (Limassol, 1996, 28.840 dwt).

schoon bij de slopers aanleveren. Het goede voorbeeld is gegeven door het voormalige P&O Nedlloyd, dat vanaf 2000 eenentwintig schepen onder eigen toezicht op een milieuverantwoorde manier bij de Chinese werf Jiangyin liet ontmantelen, wat de rederij 22 miljoen euro extra kostte, ruim 1 miljoen per schip. Het imago dat het bedrijf hiermee heeft opgebouwd is echter veel meer waard.

Aan de sloop van schepen valt veel geld te verdienen en de markt daarvoor groeit. Want alleen al het aantal enkelwandige tankers dat naar besluit van de Internationale Maritieme Organisatie (IMO) tot 2010 moet worden gesloopt is enorm. Daar heeft de Stichting Tanker Ontmanteling Platforms (STOP), opgericht door zakenpartners Peter Buijs en Doebren Mulder, wijselijk op ingespeeld. Zij kwamen met het initiatief in de Groningse Eemshaven een "zero pollution", dus "groene" sloopwerf te vestigen, Ecodock genaamd. Daarin participeerde ook P&O Nedlloyd en heeft men de steun van de ministeries van V&W, VROM en EZ, de medewerking van verschillende bouw- en recyclingbedrijven en internationale schroothandelaren, evenals de belangstelling van maritieme naties als Denemarken, China en ook Amerika, dat op zoek is naar werven die 220 oude marineschepen op een nette manier kunnen slopen, zoals Able UK in het Engelse Teesside. Met een droogdok van 310 meter lang, 55 meter breed en 8 meter diep voor grote schepen, uit te breiden tot drie dokken, kan de werf dan vanaf 2007 beginnen te draaien. Jaarlijks kunnen per droogdok 10 schepen worden ontmanteld. Het schroot wordt door bulkcarriers naar bijvoorbeeld China verscheept, dat hogere prijzen betaalt dan westerse landen. Het eerste schip dat Ecodock in samenwerking met het Amsterdamse havenbedrijf Shipdock verwachtte te ontmantelen was de chemicaliëntanker Sandrien (1974), een zeer explosiegevaarlijk schip dat al sinds augustus 2000 in Amsterdam aan de ketting lag. Een vergelijkbaar geval was dat van de Otapan, die in 2006 veel publiciteit trok toen Turkije weigerde het voor sloop te accepteren nadat bekend werd dat het veel meer asbest bevatte dan "beloofd" en er na vele omzwervingen uiteindelijk in de Rotterdamse Waalhaven (waarom niet op de Maasvlakte, ver van bewoond gebied?) van werd ontdaan. Naar verluidt is er wereldwijd vraag naar 20 tot 30 sloopwerven naar het model van Ecodock. Dit Nederlandse product zou dus kunnen worden geëxporteerd, ook naar landen als India, Pakistan, Bangladesh en Turkije, zodat de werkgelegenheid daar behouden blijft. Maar dan op een acceptabele manier.

De Resolution Bay (London, 1977) uitgaand in de Nieuwe Waterweg, was een van de oude containercarriers die P&O Nedlloyd in China op milieuvriendelijke wijze liet slopen. @ Shanghai, 9 - 2002.

5. DE ZEE EN HET WEER
- Woelige Wateren, Prachtig Licht

Wie in verschillende seizoenen van het jaar en jaren achtereen een aantal dagen aan de Maasvlakte vertoeft, van 's morgens vroeg tot 's avonds laat, en ook "bij nacht en ontij", weet hoe gevarieerd de weersomstandigheden en "stemmingen" in de Maasmonding kunnen zijn: Van "grijs" tot felle zonneschijn, van hevige buien en "kastelenweer", van mist en van zware luchten, van ochtendlicht en avondlicht, van windstilte en storm, en alle schakeringen daartussen. Ook de kleur van het water kan dan een grote variatie aan pasteltinten aannemen, van zilverwit via loodgrijs tot bijna zwart en van helderblauw tot zeegroen. De foto's van schepen waarop sommige van die stemmingen zijn weergegeven, hebben we ingedeeld in de volgende categorieën:

1. 'Kastelenweer'.
2. Ochtendlicht, Avondlicht, Tegenlicht.
3. Opkomend Tij - Hoogtij
4. Harde Wind en Stormkracht.

De golfhoogte tijdens een storm op de Noordzee en aan de Nederlandse kust is een stuk geringer dan die op de open oceaan en aan rotsige kusten als die van Bretagne en Engeland. Dat komt niet alleen omdat de zee daar veel dieper is, maar ook omdat de Hollandse kust zeer geleidelijk afloopt in de relatief ondiepe Noordzee.

Tijdens de zware storm van 11 Beaufort op 27 oktober 2002 was volgens een meteoroloog de golfhoogte voor onze kust nergens groter dan 6 meter. Hoewel elke zevende of achtste golf hoger kan zijn, voorzien van vervaarlijke schuimkoppen of "grijsbaarden". De hoogste golven voor de Maasmonding waren die dag slechts 5 meter hoog, hoewel heel Europoort was gehuld in "vliegend water", verstoven door de storm. Een golf van 12 meter op de open oceaan kan een schip treffen met een kracht van 6 ton per vierkante meter. Maar elk zeewaardig schip is gebouwd op het vier- à vijfvoudige van deze krachten.

1. 'Kastelenweer'

Rechtsboven & midden:
Toevalstreffers - Bij mooi zomerweer kan men in de Maasmond traditionele en moderne schepen tegelijk aantreffen: De Noorse tanker Bona Ranger (Monrovia, 1986, 99.257 dwt) samen met de topzeilschoener Oosterschelde - De gaffelschoener Eendracht passeert het Zweedse bulkschip Storon (Oslo, 1975, 10.880 dwt).

Onder:
De Deense chemicaliëntanker Tina Jakobsen (Fakse, 1980, 3600 dwt) wordt ingehaald door de Stena HSS.

Bij het ontwerpen van schepen gaat men uit van het lineaire golfmodel, dat wil zeggen dat alle golven ongeveer even hoog zijn. Recentelijk onderzoek aan de hand van radarmetingen met satellieten heeft echter aangetoond dat monstergolven van 25 tot 30 meter hoog overal ter wereld regelmatig voorkomen, ook in de noordelijke Noordzee. Zoals op 1 januari 1995, toen een golf van 30 meter het Noorse booreiland "Draupner" trof. Zulke golven kunnen een schip treffen met een kracht van 100 ton per vierkante meter en daartegen is geen enkel schip bestand. Waar zo'n golf het schip met volle kracht treft, of wanneer het schip in het diepe golfdal valt, wordt de romp onherroepelijk aan stukken gereten, meestal aan de boeg. Zoals is gebeurd met de mammoettankers "Mimosa" en "Energy Endurance", evenals met de bulkcarriers "Derbishire" (met man en muis vergaan), "Kowloon Bridge" en "Atlas Pride". Ook de "Prestige" is naar eigen zeggen van haar kapitein door een 15 meter hoge monstergolf getroffen. Dergelijke golven kunnen ontstaan in gebieden waar de wind uit de tegenovergestelde richting komt van de heersende zeestroming, of waar twee zeestromingen elkaar treffen, zoals de warme Agulhas Stream uit de Indische Oceaan met de koude stroming uit Antarctica onder de Zuidafrikaanse kust. Monstergolven onttrekken energie aan naburige golven en bouwen zich op tot instabiele muren van water, met diepe golfdalen. Ze moeten niet worden verward met tsunami's, vloedgolven ontstaan door zeebevingen, die nog veel verwoestender zijn.

De Japanse bulkcarrier Sunrise I (Panama, 1981, 138.237 dwt) passeert de Zuid-Afrikaanse containercarrier S.A. Winterberg (Cape Town, 1978) van Safmarine.

De Italiaanse tanker Valle di Siviglia (Trieste, 2001, 25.063 dwt) wordt gepasseerd door een reddingsboot van het type RIB - Rigid Inflatable Boat, als gezien vanaf de zeedijk bij windkracht 6.

De Deense zeesleper/offshore supplier Maersk Logger (Hirtshals, 1987) in de bekende lichtblauwe kleur van 's werelds grootste reder A.P. Möller (Maersk). Gezien vanaf de zeedijk in september 2003.

Het Poolse bulkschip Koscierzyna (Majuro, 1980, 4443 dwt) afgemeerd in het Calandkanaal.

Foto's als deze zijn zelfs in de Maasmond een zeldzame toevalstreffer. Twee schepen tegelijk op uitreis, juist buiten de havenhoofden, gevat in het zeer kleine gezichtsveld van een 400 mm lens: De Italiaanse tanker Aralda (Valletta, 1976, 31.543 dwt, @ Alang, India, 2002) en het Ierse bulkschip Arklow Day (Arklow, 1982, 12.334 dwt).

Midden:
De Noorse tanker Ellen Knutsen (Haugesund, 1991, 17.071 dwt) ontmoet de Japanse autocarrier Grand Pace (Panama) in het Calandkanaal.

De Belgische trawler Jasmine uit Zeebrugge (Z-483) passeert de Duitse tanker Rheinstern (Douglas, 1993, 17.080 dwt).

De P&O ferry European Tideway (London) op volle snelheid buitengaats vanuit Europoort. Let op de uitbouw (sponson) langs het het vrijboord voor grotere stabiliteit.

2. Ochtendlicht, Avondlicht, Tegenlicht

De productentanker Atlantic Sea (Valletta, later TN Topaz, 1975, 39.865 dwt) wordt na zonsondergang in 1993 beloodst door de oude loodstender Jan van Gent. De Atlantic Sea voer rond 1999 als 'Quebec' voor Naess Shipping (Holland) BV, Diemen. @ Alang, India, 7-2004 als 'Slops X'.

Zomerochtendstemming in de Maasmond met de Italiaanse ertscarrier Athesis Ore (Napoli,1991, 269.338 dwt), geassisteerd door de Kotug-slepers RT Magic en ZP Chandon.

Zonsondergang op de Noordzee, gezien vanaf de Maasvlakte. Het grotere schip is de Nueva Andalucia, het kleinere schip het varend loodsstation.

Ondanks het tegenlicht door de vroege zomerochtendzon is een vaartuig als het Duitse roll-on/lift-off (ro-lo) containerschip Green Cape (Majuro, 1981) van MACS Shipping, Hamburg, interessant genoeg om te worden gefotografeerd, augustus 2003. Deze rederij vaart op de route Noordwest-Europa-Zuidelijk Afrika, vandaar de 'rhino' op het vrijboord.

Midden:
Avondstemming bij de Maasvlakte Olie Terminal. De tanker is de Al Tahreer (Kuwait, 1992, 284.532 dwt), zusterschip van de Al Awdah, Al Samidoon en Al Shuhadaa.

Op weg naar de Botlek bij windkracht 6 ontmoet de Griekse tanker Estella (Panama, 1980, 16.982 dwt) op de vroege ochtend van de 7de september 2000 vier zeegaande zeiljachten op uitreis.

De Fairplay 23 passeert in oktober 2004 bij de EECV-terminal de Japanse bulkcarrier World Romance (Panama, 1999, 74.047 dwt).

Onderste foto:
Zacht tegenlicht op het Calandkanaal met de zeesleper MT Amolese en de Israëlische tanker Lady Nil (Majuro, 1983, 24.083 dwt). De Amolese was een sleepboot van het type als door de Britten gebruikt tijdens de beruchte 'kabeljauw-oorlog' met IJsland in de winter van 1975/76.

De Japanse bulkcarrier Sunrise I (Panama, 1981, 138.237 dwt) bij het ronden van de Papegaaienbek in de vroege ochtend.

Rechts:
De Amerikaanse shuttletanker Aberdeen (Nassau, 1996, 87.055 dwt) in de monding van het Calandkanaal bij avondrood in september 2003.

3. Opkomend Tij, Hoogtij

Foto's boven:
Opkomend tij en laagtij, gezien vanaf dezelfde plek. De schepen zijn de Aframax tanker Nord Stealth (Köbenhavn, 2001, 105.300 dwt) en de Suezmax tanker Tropic Brilliance (Monrovia, 1992, 154.970 dwt).

Midden:
De containercarrier Sealand Achiever (New York, 1984) uitgaand in het vroege ochtendlicht.

De Noorse supertanker Berge Stadt (Stavanger, 1994, 306.951 dwt) loopt bij harde wind en hoogtij de Maasmond binnen om te worden afgemeerd bij de Maasvlakte Olie Terminal.

De Noorse tanker Bona Spray (Nassau, 1993, 106.266 dwt) van Teekay Shipping doet op deze foto haar naam eer aan.

Midden:
De Zuid-Koreaanse ertscarrier Hanjin Melbourne (Busan, 1987, 186.260 dwt) op uitreis bij windkracht 6.

Het Litouwse vrachtschip Medininkai (Klaipeda, 1974) in woelige wateren bij windkracht 8.

4. Harde Wind en Stormkracht

Linksboven:
Ook bij een ogenschijnlijk vlakke zee kan de deining voor de Maasmond toch zodanig zijn dat schepen gaan slingeren zoals hier de Duitse Gästrikland (Limassol, 1992).

Rechtsboven:
De sleepboot Smit Polen 'plonzend' in de Maasmond bij windkracht 7 in 1998.

Het Engelse vrachtschip Foylebank (Douglas, 1983) van de Bank Line 'pakt een paaltje' op uitreis in 2001 bij windkracht 6.

De eerbiedwaardig oude Deense coaster Opnor (1962, 593 dwt) juist buiten de havenhoofden bij windkracht 7 in 1997. In mei 2004 was ze nog in bedrijf, 42 jaar oud.

Onder:
De zuidwester drukt muren van water tegen de loefzijde van de Kroatische tanker Silba (Monrovia, 1986, 82.424 dwt).

Het koelschip Emerald (Panama) van de Seatrade-pool Groningen nadert al slingerend de Maasmond bij stormachtig weer.

De kruiplijncoaster Estime (Harlingen) en baggerzuiger Cornelia (Overveen) in gevecht met de elementen.

Het Syrische vrachtschip Barada (Limassol, 1979) van de Syro-Jordanian Shipping Co., Lattakia, uitgaand bij windkracht 6 in 2002.

De supertanker Front Crown (Nassau) en de P&O truckferry European Freeway (London) steken fel af tegen de inktzwarte lucht bij 6 Beaufort in oktober 2000.

Licht slingerend nadert de Handysize bulkcarrier Mineral Trader (Nassau, 1982, ex Christiane, 25.321 dwt) de Maasmond in 2003 bij windkracht 6.

De Zweedse productentanker Tärnsund (Donsö, 1989, 8828 dwt) op uitreis in ballast bij 8 Beaufort op een vroege ochtend in oktober 2002.

Onder:
De Deense chemicaliëntanker Sarah Wonsild (Augusta, 1994, 2702 dwt) buitengaats bij 7 tot 8 Beaufort.

Stormscènes met de Nederlandse gastanker Omegagas (St.John's, 1999, 3030 dwt) van Unigas International BV, Rotterdam, in de Maasmond en buitengaats bij windkracht 8 in 2002.

De Nederlandse kustvaarttanker Star Aruba (Zaandam, 1972, 1531 dwt) van C. Koole Tanktransport BV, Zaandam, bij mooi weer en windkracht 6 in 2001. Op haar dekhuis staat 'foodstuff only'. Ze is dus een tanker voor het vervoer van eetbare vloeistoffen.

Het Duitse containerschip P&O Nedlloyd Pantanal (Elsfleth) op uitreis bij windkracht 7 in juli 1998. Ze heeft geen schoorsteen, alleen rookkanalen! Pantanal is een deelstaat in het Braziliaanse Amazonegebied.

Close-up van de grote ertscarrier Elbe Ore (Nassau, 1983, 224.222 dwt) bij donkere lucht en 6 Beaufort, met de Duitse containerfeeder Western Trader (St.John's) op uitreis in oktober 2000.

Net buiten de havenhoofden en uit de luwte van de zeedijk krijgt de Elbe Ore direct al 'de wind van voren' en ontmoet daarbij de Stena Discovery HSS, die wegens zware concurrentie van goedkope vluchten naar Engeland op 8 januari 2007 na tien jaar haar laatste overtocht maakte...

De supertanker Front Crown (Nassau, 1999, 311.168 dwt) in de Maasmond in oktober 2000 bij onstuimig weer geassisteerd door vier sleepboten van Smit.

De Japanse houtspaancarrier Ariso (Panama, 1996, 49.889 dwt) in diffuus zonlicht bij windkracht 6.

Boven:
In tegenstelling tot de containerfeeder op de achtergrond, bevindt de tanker Silba zich bij windkracht 6 in de luwte van de Maasvlakte.

De Nederlandse coaster Atlantic Coast (Nassau, 1977, 3124 dwt) van Oost Altantic Lijn BV, Rotterdam, op uitreis bij ruw weer. De naam is sinds 14 februari 2003 gewijzigd in 'Atlantic Clipper' en ze vaart sindsdien in de Caribic voor de Cubaanse eigenaar Selecmar.

Bovenste foto:
Het Duitse containerschip Safmarine Maluti (Monrovia) in de Maasmond bij windkracht 10, toenemend tot 11 op 27 oktober 2002, geassisteerd door een sleepboot van Smit.

Midden:
Nog een Nederlandse coaster is de Bluebird (Kingstown, 1982, 1688 dwt) van Libra Shipping BV, Rotterdam, in gezelschap van de hopperzuiger Amazone (Sliedrecht) ter hoogte van de boei 'Maas 3' in 2001.

Een dag na de zware storm van 27 oktober 2002 is de Britse kustvaarder Burhou I (1978, 953 dwt) van Alderney Shipping Co. Ltd., Guernsey, beladen met 20 voets containers bezig haar weg te vinden in een nog altijd flinke deining.

Omdat het geen koopvaardijschip is, ontbreekt nadere informatie over deze mooie oude driemast gaffelschoener met de naam 'White Shark' (Hamburg), al 'plonzend' op uitreis in juli 1998 bij windkracht 7.

Temidden van de uitgestrektheid van de woelige wateren lijkt de Poolse bulker Kopalnia Sosnowiec (Szczecin, 1974, 14.179 dwt) van Polska Zegluga Morska (Polsteam) veel kleiner dan ze in werkelijkheid is.

De Duitse feeder Nincop (St.John's, 1991) met containers van Evergreen en Uniglory aan boord, op uitreis bij windkracht 7 in 2000.

6. DE HAVENS
- Kranen, Schepen, Manifolds en Opslagtanks

De grote bedrijvigheid in de Rotterdamse havens wordt weerspiegeld in de volgende selectie "havenfoto's" met kranen, schepen, sleepboten, graanelevators, silo's, pompinstallaties en opslagtanks.
De foto's zijn genomen in de oude havens, de Botlek, Europoort en de Maasvlakte.

Het Poolse passagiersschip Stefan Batory (ex Maasdam, Holland Amerika Lijn, 1952, 15.024 bruto reg. ton) aan de Wilhelminakade op 20 maart 1988, gezien vanaf de 'ski-jump' van het vliegkampschip HMS Ark Royal . Ze is gepavoiseerd met de internationale seinvlaggen. @ Aliaga, Turkije, 24-3-2000 als 'Stefan'.

De reefer Malayan Victory (Manila, 1967) met het logo van het Zweedse Cool Carriers in de schoorsteen, afgemeerd aan de Fruit Terminal in de IJsselhaven, Schiedam, in 1990. @ Alang, India, 20-9-1994.

Het Griekse vrachtschip Thermaikos II (Limassol, 1978) aan een van de ligplaatsen in het Waalhavencomplex in 1990.

De Japanse bulkcarrier Sanko Maple (?, 55.822 dwt, 1979) aan de bulkterminal van Frans Swarttouw in de St.Laurenshaven, Botlek, in 1990.

De Japanse tanker Lepta Mermaid (Panama, 1999, 45.908 dwt) en de Britse Cielo di Baffin (Douglas, 1986, 27.350 dwt) bij Vopak in de 3e Petroleum-haven, Botlek, in 2004.

De Britanniëhaven gezien vanaf de Calandbrug in 2003 met de Zweedse truckferry Hoburgen (Nassau, 1986). Daar achter ligt de Duitse ferry Louise Russ (Gibraltar, 2001).

Gezicht op de Vopak-terminals 3 en 4 in de 7e Petroleumhaven, Europoort in 2004, met de tankers Izmaylovo (Monrovia, 1991, 47.076 dwt) van Unicom, Limassol en Bro Selma (Oslo, 1987, 81.351 dwt) van Brostrom Van Ommeren, Gothenburg, met op de voorgrond de sleep/werkboot Eerland 28 van Smit.

De Havendienst 19 (thans RPA14) van de Havenautoriteit passeert de Noorse tanker Bona Ranger (Monrovia,1986, 99.257 dwt), lossend aan de Maatschap Europoort Terminal van Total-Fina-Elf in de 7e Petroleumhaven in juni 1999.

De Noorse LPG-gastanker Helga (Oslo, 1994, 30.800 dwt) van Bergesen DY ASA aan de terminal van de Kemira kunstmestfabriek in de Donauhaven, aangrenzend aan de 7e Petroleumhaven, in 2002. Bunkertankers voorzien het schip van stookolie en smeerolie.

De Israëlische tanker Lady Nil (Majuro, 1983, 24.083 dwt) van Sprinter Gadot Yam Ltd., Tel Aviv, aan de Caldic-terminal langs het Calandkanaal in 2003, met Kotug's RT Magic als passant.

De supertanker Al Funtas (Kuwait, 1983, 290.085 dwt) van de Kuwait Oil Tanker Co. aan de Q8-terminal van de 5e Petroleumhaven, Europoort, in 1999.

De Noorse tanker Magnitude (Arendal, 1992, 96.136 dwt) op punt van vertrek bij de Texaco-Esso-Aramco (TEAM)-terminal in de 5e Petroleumhaven in 2001 met Kotug's ZP Chandon aan de boeg.

De Amerikaanse chem./olietanker Ohio (Majuro, 2001, 37.278 dwt) aan de TEAM-terminal in de 4e Petroleumhaven, Europoort, in 2004, vergezeld van de Fairplay 21.

De Noorse shuttletanker Navion Scotia (Stavanger, 1993, 95.029 dwt) van Teekay Shipping AS aan de Shell-terminal in de 4e Petroleumhaven in 2005.
Ze wordt geëxploiteerd door Rasmussen AS. Bij Shell Europoort wordt uitsluitend zwavelarme olie overgeslagen.

Aan de Shell-terminal in de Benelux-haven, Europoort, ligt in september 1999 de Zweedse Suezmax tanker Kim Jacob (ex Celebes, Monrovia, 1998, 158.000 dwt) van ICB Shipping AB, Stockholm.
Op 30 januari 2006 liep ze voor de kust van Venezuela op een zandbank en werd een week later na overslag van 22.000 ton van haar lading door Smit Salvage weer vlotgetrokken.

De Griekse bulkcarrier Las Sierras (Panama, 1981, 139.469 dwt) en Zwitserse Panagiotis A (Piraeus, 1995, 71.550 dwt) aan de terminals van de European Bulk Services (EBS) in de Elbehaven, Europoort, in 1999.

De grote Japanse ertscarrier Brilliant (ex Seiko Maru, Tokyo, 1979, 247.867 dwt) van de Sanko Line bij de EECV-ertsterminal aan het Calandkanaal in 2002, met de Smit Rhône op de voorgrond. @ Jiangyin, China, 3-5-2003.

De Griekse productentanker Rosa (Valletta, 1978, 30.990 dwt) aan de Nerefco (Netherlands Refinery Co.)-terminal van Chevron-BP-Texaco in de 6e Petroleumhaven, Europoort, in 1998.

De terminals van het Europees Massagoed Overslagbedrijf (EMO) aan de Mississippihaven op de Maasvlakte, met v.l.n.r. de bulk-carriers Chin Shan (Panama, 1992, 149.383 dwt), Cape Falcon (Panama, 1995, 161.475 dwt) en Hellas (Monrovia, 1982, 139.609 dwt) in 2001.

De ECT Delta-terminal in de Amazonehaven van de Maasvlakte in 2003 met van rechts naar links de containercarriers OOCL Faith (Hong Kong), OOCL Korea (Monrovia), LT Universo (Trieste) van de Lloyd Triestino en de Hyundai Freedom (Panama). Langszij de OOCL Korea ligt Rotterdam's grootste bunkertanker Vlissingen van VT-Unilloyd. Rechts de lichter Hoek van Holland.

Gezicht op de ECT Delta-terminal van de Europahaven aan de Maasvlakte in 1998 met de containercarriers Saturn, Chin Yang Atlas (?) en Elbe (Panama, Mitsui OSK Lines). De Saturn voerde twee verschillende namen - 'Houston Express' in Griekse letters op het achterschip (Piraeus) en 'Saturn' in Romeinse letters op de boeg, evenals 'Houston Express' in Romeinse letters op de naamplaat aan het brughuis.

Midden:
In 2000 kreeg de Maersk-Sealand Delta-terminal aan de kop van de Europahaven nieuwe containerkranen in de lichtblauwe kleur van Maersk, die de grootste containerschepen ter wereld kunnen behandelen. De schepen zijn de Duitse Western Trader (St.John's) en SCL Memling (Willemstad).

De 8e Petroleumhaven van de Maasvlakte Olie Terminal (MOT) met de supertanker Opalia (Douglas, 1999, 302.193 dwt) in 2002.
In de signaalmast geheel links de Shell-vlag.

Boven:
De volbeladen Saoedische supertanker Hydra Star (Monrovia, 1994, 305.846 dwt), begeleid door de Smit Japan, ontmoet de Japanse autocarrier Cygnus Leader (Panama, 1998, 22.799 dwt) in april 2000.

7. DE SCHEPEN - Tankers en Bulkcarriers in alle maten

Het is duidelijk dat er een grote verscheidenheid aan afmetingen bestaat van tankers en bulkcarriers - van gigantisch tot zeer klein. De grootte van een schip hangt af van het vaargebied, de lading en het marktsegment waarvoor het is bestemd. De grootste schepen voor natte en droge bulk zijn van het "Capesize"-formaat omdat ze vol beladen niet door het daarvoor te ondiepe Suezkanaal en te smalle sluizen van het Panamakanaal kunnen, maar om Zuid-Afrika en Zuid-Amerika - Kaap de Goede Hoop en Kaap Hoorn - moeten varen. Het gaat dan om schepen met een laadvermogen groter dan 180.000 ton deadweight.
Bulkschepen onder deze tonnagegrens die vol beladen wel door het Suezkanaal kunnen, worden aangeduid als "Suezmaxen". Tankers van 80.000 tot 120.000 ton deadweight worden wel "Aframaxen" genoemd, een term die is geassocieerd met de vrachttarieven standaard als gehanteerd door Londense cargadoors, ofwel de "Average Freight Rate Assessment". Sinds enige jaren is er sprake van de "Malaccamax", een type schip ontwikkeld door de TU Delft, waarmee de toekomstige en grootste containerschepen ter wereld worden bedoeld die 14.000 of meer containers zullen gaan vervoeren en even groot zijn als supertankers. Schepen kleiner dan rond de 80.000 ton deadweight met een breedte van maximaal 32,3 meter heten "Panamaxen". Deze passen dan nog net in de sluizen van het Panamakanaal (een speling van enkele decimeters). Dat is niet het geval met schepen van tussen de 80.000 en 100.000 ton dwt, de zogenoemde "post-Panamaxen". Schepen onder de 50.000 ton dwt worden wel "Handysize" bulkcarriers genoemd, verdeeld in twee klassen, de "Small Handy's" tussen de 20.000 en 38.000 ton dwt, en de "Handymaxen" tussen de 38.000 en 49.000 ton. Handysize bulkcarriers worden gebruikt voor het vervoer van hout, boomstammen, granen, mineralen en schroot. De verzamelnaam voor alle bulkschepen voor droge lading, van zeer groot tot zeer klein, is "bulker"; die voor natte lading is "tanker".

De Deense tankercoaster Danchem East (1992, 2774 dwt) lijkt een dwerg naast de Saoedische supertanker Venus Glory (Monrovia, 2000, 299.089 dwt), mei 2003.

De mooie Zweedse gladdek-coaster San Remo (Valletta, 1225 dwt) de Maasmond binnenvarend. Gebouwd in 1965 heeft ze een geheel houten stuurhuis. In mei 2004 nog steeds in bedrijf, bijna 40 jaar oud.

Boven:
De Griekse Suezmax bulkcarrier Regina (Panama, 1976, 127.824 dwt) wordt gepasseerd door de Zweedse chemicaliëntanker Furevik (Donsö, 1990, 8300 dwt) in juli 1997. @ Chittagong, Bangladesh, 18-4-2006.

De Nederlandse coaster Blackbird (Kingstown,1967, 1735 dwt) van Libra Shipping BV, Rotterdam, uitgaand bij windkracht 7 in oktober 1997.

De Finse tanker Crystal Emerald (Luxembourg, 1994, 8140 dwt) passeert de Noorse Capesize olietanker Berge Hus (Nassau, 1975, 274.467 dwt), op uitreis van de MOT in juni 1999.

Midden:
De klassiek gelijnde Deense tankercoaster Grete Theresa (Douglas,1968, 1060 dwt) in de Nieuwe Waterweg in oktober 1999.

De Italiaanse Handysize bulkcarrier Florealis (Valletta,1977, 37.472 dwt) met de loodstender Explorer langszij ter hoogte van Hoek van Holland, oktober 1999. @ Chittagong, Bangladesh, 8-5-2003.

De Nederlandse gastanker Tarquin Glen (Monrovia, 1991, 3590 dwt) van Unigas BV, Rotterdam, in het Calandkanaal in juni 1999. Op de achtergrond de Finse Aframax tanker Alfa Britannia (Nassau, 1998, 99.220 dwt) bij de Shell-terminal met een bunkertanker langszij.

De Amerikaanse parceltanker Stolt Spirit (Monrovia, 1976, 32.020 dwt) in de monding van de Nieuwe Waterweg, juli 1994, met ontbrekende bakboord reddingsboot. In 1997 in brand gevlogen in de haven van Houston. @ Alang, India, 4-2004.

8. LOODSBOTEN, SLEEPBOTEN EN ESCORTEVAARTUIGEN

In een zeehaven die is toegerust om de meeste en grootste schepen ter wereld te ontvangen, zijn loodsen en loodsboten, sleepboten en hun bemanningen, escorte- en patrouillevaartuigen en niet in de laatste plaats de roeiers alleen al uit oogpunt van scheepsbegeleiding en veiligheid absoluut onmisbaar. Het vak van scheepsbeloodsing bestaat al aanzienlijk langer dan dat van het begeleiden en slepen van schepen met sleepboten, want dat vereist mechanische tractie en dat kon pas na de uitvinding van de stoommachine. De eerste loodsboot, " 's Landts-Welvaeren" genaamd, begon al in 1661 loodsdiensten te verrichten in de Maasmond en het Goereese Gat en het eerste lichtbaken aan de ingang van de Maas dateerde al van 1280.

Het varend loodsstation Menkar op de rede van Rotterdam in juli 1987, een jaar voor de privatisering van de Nederlandse Loodsen Associatie.

Het Loodswezen Rotterdam-Rijnmond

Ressorteerde het Loodswezen sinds 1795 onder het Ministerie van Marine en vanaf 1980 onder Verkeer en Waterstaat, per 1 september 1988 wordt het een private organisatie, een commercieel bedrijf, waarin de loodsen zelf de aandeelhouders zijn. De opleiding tot Register Loods vindt plaats onder verantwoordelijkheid van de Nederlandse Loodsencorporatie op het Kenniscentrum Loodswezen. Dit centrum kent in het leerplan een aantal specialiteiten als "beloodsen op afstand", de geulvaart voor het beloodsen van grote schepen met een diepgang vanaf 14,5 meter; bepaalde taken in de verkeersdienst en het beloodsen naar en vanuit afzonderlijke havengebieden als die van Dordrecht en Moerdijk. Bij het beloodsen op afstand wordt een schip op zee vanuit de Verkeerscentrale Hoek van Holland via radiocommunicatie "binnengepraat", wanneer de weersomstandigheden te extreem zijn voor fysieke beloodsing. Bevindt het schip zich eenmaal binnengaats, dan wordt het alsnog fysiek beloodst. Voorheen waren er gespecialiseerde zee- en binnenloodsen, maar vanaf 1963 vaart de loods van zee naar binnen en omgekeerd, waarbij hij optreedt als adviseur van de scheepskapitein. Toch kan een schip op de binnenwateren opnieuw worden beloodst. Dit betreft dan een loods met speciale bevoegdheid voor de binnenwateren, of lossen de loodsen elkaar af.

De Menkar in de Maasmond in september 1992.

Een beeld van de rede van Rotterdam in juli 1993 met de tanker Cape Horn (Monrovia, 1989, 45.003 dwt) en de loodsboot Markab, die het schip aan stuurboord gaat beloodsen. Na een reis vanuit Chili met een lading van 14.000 ton methanol, raakte de tanker in maart 2003 in de haven van Livorno door een zware explosie in de stuurboord midscheeps ernstig beschadigd. Op de achtergrond de truckferry Stena Seatrader nog in haar oude kleuren.

Onder:
De Markab passeert de truckferry Stena Seatrader (Hoek van Holland, 1973) in de Maasmond in oktober 2001. De Menkar, Markab en Mirfak zijn genoemd naar specifieke sterren.

Het Loodswezen opereert in vier regio's, de districten Noord, IJmond, Rijnmond en Scheldemond, waarvan die van Rotterdam-Rijnmond de grootste is. De organisatie heeft in totaal 400 registerloodsen in dienst die bij wet zijn verenigd in de Nederlandse Loodsencorporatie. De haven van Rotterdam stelt speciale eisen aan de loodsen vanwege het grote aantal schepen van alle typen, de vele stromingen en ondiepten, de relatief nauwe vaarwegen, de grote hoeveelheden gevaarlijke stoffen, de vele nationaliteiten, enz. En ook worden grote tankers en bulkcarriers, of "geulers", als voorzorgsmaatregel door twee loodsen tegelijk bemand.
Al sinds 1969 kunnen schepen langer dan 200 meter door een helikopter worden beloodst. Gebeurde dat vroeger door een KLM-helikopter, sinds 1992 huurt men een Aerospatiale Dauphin AS 365 (N3) helikopter en beschikt men over een eigen start- en landingsplaats met hangar: Maasvlakte Heliport. Het vliegtuig wordt bemand door een piloot, co-piloot en lieroperator. De overplaatsing van loodsen per helikopter naar en van tankers en bulkcarriers met grote diepgang vindt plaats in een speciaal rendezvous-gebied ver op zee aan de ingang van de Eurogeul, oostzuidoost van het lichteiland Noordhinder. Zeer grote olietankers en bulkcarriers, evenals shuttletankers, beschikken aan dek over een vaste landingsplaats voor helikopters, aangeduid door een cirkel met daarin een witte letter "H". Kleinere tankers, bulkcarriers en grote containerschepen daarentegen niet. In dat geval hangt de helikopter boven de containers of het dek en wordt de loods aan een lier afgezet of opgehaald, eventueel ook bij nacht en ontij, 24 uur per etmaal. Een operatie die men eerder zou toeschrijven aan het Korps Mariniers of de Luchtmobiele Brigade dan aan het Loodswezen. Maar staan loodsen traditioneel al niet bekend als "acrobaten" die vanaf een deinend bootje langs de bekende touwladder een hoge scheepswand moeten beklimmen? Of een schip nu van onderaf of van bovenaf wordt beloodst, dat maakt de loods weinig uit.
Het Loodswezen Rotterdam-Rijnmond beschikt over drie zeegaande loodsvaartuigen, de Markab, Menkar en Mirfak, die bij toerbeurt buitengaats op de redes van Rotterdam en Vlissingen patrouilleren en als centraal loodsstation fungeren. Elk schip heeft twee snelle aluminium loodsjollen aan boord met waterjet-aandrijving die, over de golven scherend, 20 à 25 mijl kunnen maken en waarmee de zeeschepen op snelle en efficiënte wijze worden bediend. Nog sneller - tot 28 mijl per uur - zijn de zeegaande aluminium loodstenders, eveneens met waterjet-aandrijving, die 12 loodsen tegelijk naar het varend loodsstation buitengaats kunnen

brengen of afhalen. Het zijn geavanceerde vaartuigen waarmee bij sterke windkracht schepen tot 30 mijl uit de kust kunnen worden beloodst. Tevens worden ze veelvuldig gebruikt voor het beloodsen van kleinere schepen die zich reeds binnengaats in de Maasmond, de monding van de Nieuwe Waterweg en het Calandkanaal bevinden. De bovenbouw is gemaakt van sandwichpanelen, vervaardigd van thermoplastische vezelversterkte kunststof met daartussen een honingraatconstructie, een zeer licht composietmateriaal afkomstig uit de vliegtuig- en ruimtevaartindustrie. Vandaar dat ze namen dragen van Amerikaanse ruimtevaartuigen als Columbia, Discovery, Endeavour, Enterprise, Explorer, Apollo, Gemini, Mercury, Voyager en Pioneer.

Daarnaast worden varende schepen in de Maasmond, evenals die welke in de havens op punt van vertrek staan, beloodst door motorjollen van de roeiersvereniging "Eendracht". Omdat die dan ten dienste staan van het Loodswezen, voeren ze ook de vlag van het Loodswezen. Samen met de snelle loodstenders zijn dit de enige loodsvaartuigen die men vanaf de wal dagelijks kan waarnemen. De nieuwste aanwinsten zijn de diesel-aangedreven, dubbelschroefs aluminium Cetus en Perseus, loodstenders van een geheel nieuw concept en speciaal ontworpen voor het beloodsen van schepen buitengaats bij ruw weer en golfhoogtes tot 3,5 meter. Bekend staand als SWATH, wat staat voor 'Small Waterplane Area Twin Hull', zijn het zeer zeewaardige en wendbare vaartuigen dankzij de torpedovormige drijflichamen onderwater als deel uitmakend van de romp en uitgerust met computergestuurde vinnen die stamp- en slingerbewegingen compenseren. Door het geringe contact met het wateroppervlak hebben golven slechts weinig invloed op de romp, wat de stabiliteit en zeewaardigheid zeer ten goede komt. Voor het beloodsen van schepen met laag vrijboord kunnen de SWATH's binnen 5 minuten een 80 centimeter dieper in het water liggen (ballasten). Met de tenders is men tevens nieuwe logistieke concepten aan het beproeven. Ze hebben een bemanning van 3 personen en kunnen 12 loodsen tegelijk vervoeren bij een snelheid van 18 knopen. Ze zijn gebouwd bij de Duitse scheepswerf Abeking & Rasmussen, hebben een lengte van ruim 25 meter en zullen uiteindelijk de Markab, Menkar en Mirfak gaan vervangen. Het opleidingsschip van het Loodswezen is de Delfshaven, een voormalig betonningsvaartuig daterend uit 1959.

Boven:
De shuttletanker Navion Britannia (Stavanger, 1998, 124.821 dwt) heeft op uitreis in juli 2001 de loodshelikopter aan boord.

Het Chinese containerschip Rui Yun He (Shanghai) van de COSCO Container Lines, krijgt in oktober 2001 bij windkracht 7 per helikopter de loods aan boord, die via een lier op een container van het schip wordt afgezet.

Overigens bestaat voor alle bevaarbare Nederlandse zeegaten en havenmondingen een loodsplicht voor schepen vanaf een bepaalde lengte en diepgang. Wat betreft de tarieven, deze zijn in volledige overeenstemming met de expertise en vakkennis van de loodsen. Bovendien worden de grootste schepen ter wereld beloodst, met de grootste lengte, breedte en diepgang, parameters die mede de hoogte van het loodsgeld bepalen.

De loodstender Discovery in de Maasmond bij 11 Beaufort, zondagmiddag 27 oktober 2002.

Een loodsjol van de Roeiersvereniging 'Eendracht' arriveert in oktober 1998 bij de MOT om loodsen te brengen voor de mammoettanker Empress des Mers (Nassau, 1976, 423.677 dwt) op punt van vertrek met Smit's Texelbank standby.

Boven:
Het Zweedse Panamax ro-ro container-schip Toba (Tonsberg, 1979) krijgt in mei 1999 in het Calandkanaal via de touwladder de (rivier)loods aan boord omdat het de Calandbrug moet passeren naar de Britanniëhaven, Rozenburg. Halverwege het vrijboord is een deur geopend.

De loodstender Mercury passeert in augustus 1999 de Griekse tanker Estella (Panama,1980, 16.982 dwt) met hoge snelheid.

De Britse shortsea productentanker Oarsman van James Fisher Tankships (Gibraltar,1980, 2547 dwt) krijgt met de tender Explorer in april 2002 op 'onstuimige wijze' de loods aan boord.

De loodstender Endeavour heeft loodsen opgehaald van het loodsstation buitengaats. Op uitreis de shuttletanker Stena Alexita (Grimstad,1998, 127.466 dwt), van Ugland Nordic ASA, Sandefjord, juni 1999.

Midden:
Het opleidingsvaartuig Delfshaven (Rotterdam, 1959).

De Explorer brengt loodsen naar het loodsstation buitengaats en passeert het Duitse containerschip Ankara (St.John's) in september 2000.

De Schotse olieverwijderingstanker British Shield (Aberdeen, 1979, 3660 dwt) van Briggs Marine Environmental Services Ltd. wordt in 2001 in de Maasmond beloodst door de Explorer.

Onder:
In het kielzog van een loodstender een blik op de grote containercarrier Hamburg Express (Hamburg, 2001, 100.003 dwt) van de Hapag-Lloyd, op weg naar de Delta-terminals van de Maasvlakte, september 2002.

In dienst sinds december 2005, is de loodstender Perseus (Rotterdam) er een van twee nieuwe, zeer geavanceerde vaartuigen voor het beloodsen van schepen buitengaats. De andere is de Cetus (Vlissingen). (Copyright Het Loodswezen).

In april 2006 is de Perseus langszij een containerschip gekomen en klimt de loods via de touwladder aan boord. (Copyright Het Loodswezen).

Midden:
De P&O ferry European Freeway (London, 1978) passeert het zeegaande escortevaartuig RPA15 (ex Havendienst 18) van de Havenautoriteit bij harde wind in april 2002.

Een van de taken van de zeegaande vaartuigen is het begeleiden van diepstekende schepen in de Eurogeul, zoals de ertscarrier New Harvest (Panama, 1982, 208.739 dwt), begeleid door de Havendienst 18.

Escorte- en patrouillevaartuigen

Wat voor de beloodsing van grote zeeschepen als supertankers en ertscarriers geldt, is ook van toepassing op het escorteren en slepen daarvan - het heeft uit oogpunt van veiligheid en verkeershandhaving de hoogste prioriteit. Er zijn in Rotterdam vier gespecialiseerde bedrijven die daarin actief zijn. In de eerste plaats de Rotterdam Port Authority (RPA), één van de vijf divisies van het Havenbedrijf (tot 1 januari 2004 het "Gemeentelijk" Havenbedrijf) met regelgevende en handhavende taken. Het beschikt over moderne schepen waarvan de officiële benaming "incidentbestrijdingsvaartuig" is, maar waarvan de dagelijkse functie onder meer die van havenpatrouillering en het escorteren van beladen supertankers en ertscarriers omvat. Zoals de RPA14 en 15 (voorheen Havendienst 19 en 18), en de nieuwere vaartuigen als de RPA12 en 16, die in 2002 in dienst zijn gekomen. De RPA14 patrouilleert in Europoort Oost en de RPA15 en 16 in Europoort West. Deze zijn dan ook zeegaand, voor werkzaamheden tot 30 mijl uit de kust. De schepen zijn ook uitgerust voor taken als berging, verkeersbegeleiding, inspecties en controles, als ijsbreker, voor sleepwerk en brand- en oliebestrijding. Bij dit laatste moeten we denken aan het leggen van oliekerende schermen (oilbooms) en uitgebreide brandbluscapaciteiten met drie bluskanonnen van hoge capaciteit. Daartoe is onder meer een hydraulisch werkende gecombineerde blusarm/hijskraan op het dek geplaatst.

Voor het koelen van scheepsrompen tijdens blusoperaties is ook een sproeisysteem aangebracht. Is bluswater uiteraard altijd voorhanden, het word bijgemengd met blusschuim in een mengverhouding van 1 tot 3 %. De nautische opleiding heeft voor een deel plaats in de simulator van Marine Safety Rotterdam.

De vaartuigen voor brand- en oliebestrijding zijn bij Damen Shipyards gebouwd. De zogenoemde "algemene vaartuigen" zonder of met beperkte bluscapaciteit door Engelaer. Deze zijn ontworpen om zich snel "van de ene klus naar de andere" te verplaatsen en zijn daarom geheel van aluminium vervaardigd. Snel varen is voor de RPA-schepen overigens maar ten dele belangrijk. Slechts een klein deel - 15% - van de vaartijd wordt op volle snelheid gevaren, voor het overige wordt middelmatige tot langzame vaart of "slentervaart" aangehouden, dat wil zeggen minder dan 5 km per uur. Een scheepsschroef bereikt echter pas bij kruissnelheid of maximumsnelheid zijn optimale rendement, niet bij minimumsnelheid. De oplossing is een schroef met verstelbare spoed ("variable pitch propeller"), waarvan de instelling traploos geregeld kan worden. De escortevaartuigen van de Rotterdam Port Authority hebben globaal het uiterlijk van dat van sleepboten en zijn van ongeveer dezelfde afmetingen en tonnage.

Overheidsinstanties die in of vanuit Rotterdam met inspectie- en patrouillevaartuigen opereren, zijn Rijkswaterstaat, de Douane, de Zeehavenpolitie en de Kustwacht. Zoals het betonningsvaartuig "Rotterdam" en het visserij-inspectievaartuig "Barend Biesheuvel" van de Algemene Inspectiedienst van het Ministerie van Landbouw en Visserij, dat niet alleen actief is op het Nederlandse deel van de Noordzee, maar ook toezicht uitoefent op de Nederlandse diepzeetreilers tussen Groenland en Noorwegen.

De RPA15 bij dageraad ploegend door een zeegang van windkracht 8.

Tijdens het afmeren van supertankers wordt altijd toezicht gehouden door schepen van de Havenautoriteit. Hier de Havendienst 18 met de mammoettanker Sea World (Nassau, 1978, 491.120 dwt) bij de MOT, september 1999.

De Duitse chem./olietanker Silvia (Monrovia, 2000, 35.000 dwt) op uitreis in 2004 als decor voor de loodstender Mercury en de havenwerkboot RPA3.

De RPA20 in het Calandkanaal in Europoort West. De Havenautoriteit beschikt ook over een aantal kleinere werkboten als de Eurowerken en Calandwerken voor hydrografische werkzaamheden.

De RPA15 tijdens proefspuiten in het Calandkanaal bij slentervaart in 2004. Links de nieuwe kolenoverslagkraan van de EECV in ruststand, met de bulkcarrier World Romance (Panama, 1999, 74.047 dwt) langszij.

Proefspuiten en manoeuvreren van de Havendienst 14 in de Maasmond in april 2000. Op de achtergrond het Duitse containerschip Grey Fox (Monrovia) van MACS Shipping, Hamburg.

Een van de nieuwere vaartuigen van de Havenautoriteit in Europoort is de RPA16, ter vervanging van de aloude Havendienst 17. Op de achtergrond links de Griekse bulkcarrier Vaky Junior (Kingstown, 1983, 76.440 dwt). Rechts de Chinese Hebei Hope (Hong Kong, 1983, 64.897 dwt), @ Chittagong, Bangladesh, 27-4-2006.

Onder:
Gezamenlijke slentervaart van de RPA16 en RPA15 in het Calandkanaal in mei 2003, terwijl de RPA20 passeert. Aan de EBS-shortsea terminal de Russische coaster Gidrostroitel A.P. Aleksandrov, Astrakhan, van United Volga River Shipping, Nizhniy Novgorod.

Het Kustwacht-inspectievaartuig Barend Biesheuvel ('s-Gravenhage) in de Maasmond bij windkracht 7.

Onder: Smit's Vikingbank in de Maasmond op weg naar het achterschip van de supertanker Al Awdah (Kuwait, 1991, 284.531 dwt) terwijl de Dordtsebank aan de boeg heeft vastgemaakt.

De sleepboten

In Europoort zijn ook drie gespecialiseerde sleepbedrijven actief met modern materieel - Smit Harbour Towage Rotterdam, onderdeel van Smit Internationale; Kotug Towage van rederij Adriaan Kooren en Fairplay Towage van rederij Richard Borchard GmbH uit Hamburg, dat sinds 1998 in Rotterdam zes sleepboten in bedrijf heeft. Omgekeerd heeft Kotug elf sleepboten in Hamburg en Bremerhaven, terwijl havensleepboten van Smit actief zijn in Argentinië, de Bahama's, Curaçao, Gabon, Indonesië, Maleisië, Mexico, Nigeria, Panama, Philippijnen, Singapore, Vancouver en Venezuela. Wereldwijd beschikte Smit Harbour Towage medio 2002 over niet minder dan 164 sleepboten tot 6000 pk, de grote zeeslepers niet meegerekend. Van de drie (familie)-bedrijven is dat van Smit de oudste: het bestaat inmiddels al meer dan 160 jaar. Al in 1842 begon de bekende Kinderdijkse scheepsbouwer en reder Fop Smit met sleepdiensten in het Rijnmondgebied. Maar vooral in de zeesleepvaart over grote afstanden en de berging is Smit wereldberoemd geworden. Denken we daarbij alleen al aan de berging van de Russische atoomduikboot Kursk in de Barendtszee (samen met Mammoet) in 2001 en de autocarrier Tricolor in het Engelse Kanaal in 2003. Kooren en Fairplay begonnen begin 20ste eeuw met havensleepdiensten, de een in Rotterdam, de ander in Hamburg, terwijl Fairplay ook actief is in de zeesleepvaart. Alle drie bedrijven zijn ook werkzaam in de dienstverlening voor de offshore- en bagger-industrie, zoals bevoorrading, ankerbehandeling, berging en het slepen van booren werkeilanden, hoewel Smit in 2006 de zeesleepvaarttak heeft afgestoten.

De drie bedrijven moeten, als werkzaam in Rotterdam, niet alleen maar worden beschouwd als concurrenten maar als collega's, aangezien ze sinds een aantal jaren bij drukte in de afhandeling van zeer grote schepen in Europoort ook samenwerken. Dit ondanks het feit dat de bezettingsgraad van een sleepboot slechts 30% is. Meer dan tweederde van de tijd ligt de boot dus aan de kant. De samenwerking kreeg een nieuwe impuls in 2000 met een overeenkomst tussen Smit en Fairplay om elkaars schepen in te roepen, terwijl Smit en Kotug al langer samenwerken. Dit als gevolg van de (te) lage tarieven (voor nieuwbouwslepers) in Rotterdam. Dus in plaats van elkaar "doodconcurreren" elkaar assisteren om het hoofd boven water te houden. Zo heeft Smit sinds 2000 twee Fairplay-slepers in "bare-boat charter", dat wil zeggen de schepen zonder bemanning, de Fairplay 21 en 24. Met behoud van de eigen huiskleuren en namen zijn deze boten "omgevlagd" van Hamburg naar Rotterdam en liggen ze *(vervolg op pagina 75)*

Borchard's Fairplay 22 en 23 in de Maasmond bij windkracht 10. Ze begeleiden de ertscarrier Lowlands Yarra op 27 oktober 2002.

Midden:
Samenwerking: Terwijl de ZP Montelena van Kotug al aan de boeg van de Noorse supertanker Berge Stadt heeft vastgemaakt, begeven de ZP Chandon en Smit Polen zich bij windkracht 7 naar het achterschip. Juist zichtbaar zijn de lier-gasten op de bak.

Samenwerking: Smit's Balau en Kotug's ZP Chandon houden de Aframax tanker Almanama (Bahrain, 1991, 97.002 dwt) van Stentex (UK) Ltd., Londen, tegen de steiger gedrukt tijdens het afmeren aan de TEAM-terminal in de 4e Petroleumhaven in 1999.

Samenwerking: Tijdens de zware storm van 27 oktober 2002 wordt de binnenkomende Britse ertscarrier Lowlands Yarra (Panama, 1985, 148.229 dwt) opgevangen en geassisteerd door de RT Spirit en SD Jacoba van Kotug en de Fairplay 22 en 23. Tijdens de operatie brak de sleeplijn van de Jacoba, die zonder verdere schade in de Tennesseehaven belandde.

LOWLANDS YARRA
K
RT SPIRIT
ROTTERDAM
NL

23
FAIRPLAY-23

Samenwerking: De Griekse bulkcarrier Etoile (Panama, 1977, 123.003 dwt) wordt door de Smit Clyde en Fairplay 24 achterwaarts de Beneluxhaven in gemanoeuvreerd, onderwijl gepasseerd door de patrouilleboot P3 van de Zeehavenpolitie.

De Fairplay 24 begeleidt de Kroatische Handysize bulkcarrier Orsula (Split, 1996, 34.167 dwt) bij windkracht 9 in de ochtend van de 27ste oktober 2002.

De SD Jacoba op weg naar het achterschip van de Amerikaanse Panamax containercarrier Sea Land Pride (ex Galveston Bay, Majuro, 1985, 47.766 dwt) in juli 2001.

De met zware motorstoring kampende Engelse shuttletanker Petro Fife (Southampton,1977, 125.457 dwt) wordt door de Britse zeesleper Englishman in de ochtendschemering de Maasmond binnengebracht, geassisteerd door sleepboten van Kotug en (buiten beeld) begeleid door de Havendienst 17.

naast de Smit-slepers afgemeerd in de Scheurhaven langs het Calandkanaal. Ook bij extreme windkracht roept men elkaars hulp in, zoals tijdens de zware storm van 27 oktober 2002, toen de vol beladen ertscarrier Lowlands Yarra door vier sleepboten - de RT Spirit en SD Jacoba van Kotug en de Fairplay 22 en 23 werd geassisteerd (en waarbij de sleeplijn van de Jacoba knapte). Tijdens zonsondergang de volgende dag, toen de zeegang nog sterk was, werd de vol beladen bulkcarrier Big Bang door vier sleepboten van alle drie bedrijven naar binnen gebracht - de Smit Humber en Texelbank van Smit, de ZP Montelena van Kotug en de Fairplay 24. In de afgelopen jaren hebben we in Europoort twee keer een met motorstoring kampend schip door slepers van alle drie bedrijven veilig de Maasmonding zien binnenloodsen.
Geassisteerd door drie sleepboten van Kotug, de RT Magic, ZP Montelena, SD Jacoba en begeleid door de Havendienst 17, bracht de Britse zeesleper Englishman in de ochtend van de 14de oktober 1999 de met motorstoring kampende Britse shuttletanker Petro Fife (125.457 dwt, 1977) de Maasmonding binnen om het "dode schip" (zoals dat in het jargon heet) bij de TEAM-terminal in de 5e Petroleumhaven af te leveren. Nadat het was gelost, werd het aan "boei 80" in het Calandkanaal afgemeerd in afwachting van versleping naar Verolme Rozenburg, alwaar het werd gerepareerd. Op 13 september 2003 werd de Chinese bulkcarrier Sea Ilex (62.873 dwt, 1991) als voorzorg veilig bij de EBS in de Elbehaven in Europoort afgeleverd door de Smit Loire, Fairplay VII, Fairplay 22 en 24 en begeleid door de RPA16 van het Havenbedrijf. Zomaar enkele voorbeelden van collegiale samenwerking.

De met lichte motorstoring kampende Chinese bulkcarrier Sea Ilex (Panama,1991, 62.873 dwt) wordt geassisteerd door sleepboten van Fairplay en Smit en begeleid door de RPA16 van de Havenautoriteit.

Bij aankomst aan het achterschip van de shuttletanker Stena Akarita (Monrovia, 1991, 107.223 dwt) wordt de Smit Rhône bij windkracht 7 een 'speelbal der golven'.

De techniek van het slepen

Moderne sleepboten zijn zo ongeveer de meest wendbare schepen ter wereld, waarmee heel behendig kan worden gemanoeuvreerd. Dat is ook noodzakelijk aangezien ze speciaal zijn ontworpen om logge zeeschepen met grote massatraagheid in bedwang te houden, met name die Europoort aandoen en dat vaak bij ongunstige weersomstandigheden. Het geheim van hun wendbaarheid zit natuurlijk in het onderwatergedeelte van de romp, ook wel het "levende" deel van een schip genoemd, als onderscheiden van de bovenwaterromp of het "dode" deel. Dat wil zeggen het zit 'm zowel in de rompvorm als in de wijze van voortstuwing. Kotug heeft de prettige gewoonte veel van zijn slepers namen te geven met een tweeletterig voorvoegsel, zoals ZP Montelena, ZP Chandon, SD Jacoba, VS Rotterdam, VS Hamburg, RT Magic en RT Spirit. Die voorvoegsels duiden in codevorm precies de wijze aan waarop de schepen worden aangedreven. ZP betekent dan "azimutpropeller" of zoals men zegt "Z-peller"; SD staat voor "Stern-Drive"; VS voor "Voith-Schneider" en RT voor "Rotor Tug". Voor de leek zegt dit allemaal nog weinig, voor de kenner des temeer.

Illustratie van de RT Magic met opstelling van de drie azimutrotors. (Copyright Kotug)

Midden:
Kotug's ZP Montelena en SD Jacoba passeren elkaar in het Calandkanaal.

Onder:
De Smit Loire met op de achtergrond de Deense shortsea LPG tanker Oradana (1972, 2495 dwt).

Laten we beginnen met te vermelden dat de conventionele "stijve" scheepsschroef aan een draaiende as bij het ontwerp van sleepboten allang heeft afgedaan, want juist door de genoemde moderne systemen zijn ze zo wendbaar geworden. Daarvan is het Duitse Voith-Schneider systeem het oudste, al daterend uit begin jaren '30 van de vorige eeuw, en tegelijk het meest "exotische". De Rotor Tug is het nieuwste en daarmee het meest geavanceerde systeem, in eigen huis door Ton Kooren zelf ontworpen, waarvoor hem meerdere prijzen zijn uitgereikt.

Op het VS-systeem na maken ze alle gebruik van in een straalbuis of tunnel gevatte drie- tot zesbladige schroef die horizontaal - in azimut - 360 graden draaibaar is, dus waarvan de stuwkracht en besturing naar alle richtingen effectief is, ook zonder roer. Door een sleepboot uit te rusten met twee azimutpropellers wordt de wendbaarheid, stuwkracht en daarmee de trekkracht in alle gewenste richtingen nog groter en bovendien precies regelbaar. Die trekkracht wordt uitgedrukt in metrische tonnen boldertrek, of zoals men zegt - "bollard pull" of bp.

Dat is niet de trekkracht die op de bolder van een zeeschip via de sleeptros wordt uitgeoefend, maar die proefondervindelijk wordt bepaald via een vast punt - een bolder - en vervolgens gecertificeerd. Dat punt is de zogenoemde "Heerema-paal" in het Calandkanaal, die zo diep in de bodem is geheid dat hij een boldertrek van 200 ton kan weerstaan. Ter vergelijking: De boldertrek van een sterke havensleepboot kan zo'n 50 tot 75 ton zijn. Door nu een sleepboot te voorzien van niet twee maar drie azimutpropellers (twee voor en een achter) zoals Kooren als eerste heeft gedaan, wordt een fenomenale wendbaarheid en een zeer grote trekkracht verkregen die in alle richtingen ongeveer even sterk is.

Zo ontstonden vier van de krachtigste en meest wendbare havensleepboten ter wereld - de rotor tugs RT Magic, RT Spirit, RT Pioneer en RT Innovation, die over 71 tot 78 ton boldertrek beschikken en waarvan de Magic en Spirit met 76 en 78 ton de sterkste zijn bij een motorvermogen van driemaal 2100 is 6300 pk. De rotor tugs zijn dan ook speciaal geschikt voor de behandeling van mammoettankers, ertscarriers en windgevoelige autocarriers.

De Fairplay 24 oefent een remmende werking uit op de supertanker Berge Hus bij vertrek van de MOT en helt daarbij sterk over.

Ze zijn zo geavanceerd dat ze het werk kunnen doen van twee "conventionele" sleepboten. Het uitzonderlijke is ook dat hun trekkracht in dwarsscheepse richting bijna even groot is als in langsscheepse richting en dat uiteraard zonder te kapseizen (maar wel sterk overhellend) zoals sleepboten in vroeger tijden wel is overkomen. De rotor tugs kunnen dwarsscheeps varend een snelheid van zes knopen ontwikkelen. Wat die wendbaarheid betreft, we hebben de Magic in het Calandkanaal eens "onmogelijke pirouetjes" zien draaien en dit is ook wat de boot in 1999 bij zijn doop voor het ademloze publiek op muziek van Queen heeft gedaan.
Moderne sleepboten zijn ook zeer geschikt voor het zogenoemde escorte-slepen, als onderscheiden van het escorteren, waarbij (nog) niet wordt vastgemaakt.
Zoals de Magic bij proefnemingen op zee heeft gedaan met de in ballast varende shuttletanker Navion Scandia. Daarbij zijn verschillende sleepwijzen toegepast, zoals "direct en indirect arrest", "gecombineerd arrest", evenals het slepen over boeg en achterschip van de boot bij snelheden van 6 tot 12 knopen. Direct arrest is erop gericht het zeeschip zo snel mogelijk tot stilstand te brengen zonder dat dit daaraan meewerkt, een soort "noodstop".

De rotortug RT Magic assisteert de gloednieuwe Aframax tanker Stena Confidence (Nassau, 2003, 107.200 dwt) van Stena Bulk AB tijdens het achterwaarts afmeren aan een van de Vopak-terminals, september 2003.

Volgorde bij het losmaken van Kotug's VS Hamburg van de uitgaande Duitse tanker Santa Ana (Hong Kong, 2000, 38.695 dwt) in het Calandkanaal.

Bij indirect arrest is de sleepboot ook vastgemaakt aan het achterschip en heeft dan de functie het zeeschip in een bepaalde richting te dwingen. Daarbij wordt gebruik gemaakt van de specifieke rompvorm van de boot om rem- en/of stuurkrachten op te wekken, met name in dwarsscheepse richting. De sleepboot fungeert dan als een gigantisch "roer", zoals bij het uitscheren tijdens het maken van een bocht. Bij zulke manoeuvres kunnen de krachten op de sleeplijn wel het dubbele zijn van de boldertrek van de sleepboot.

Bij het slepen over de boeg van de sleper zijn de boegen van zeeschip en sleper naar elkaar toe gekeerd, ofwel kop aan kop, en vaart de sleepboot dus achterwaarts. Een dergelijke wijze van slepen, zoals wordt gedaan door de Fairplay-boten, is voor moderne slepers geen enkel probleem daar zij zowel op de bak als achter het stuurhuis van een winch zijn voorzien. Juist de Fairplay's zijn daarvoor geschikt omdat ze een hoge bak hebben en van azimut stern-drive zijn voorzien. De lijn - propellers - sleeplijn - zeeschip moet onder bepaalde omstandigheden zo recht mogelijk zijn zodat de trekkracht het meeste effect kan sorteren, vooral bij vol beladen tankers en ertscarriers. Door de wijze van aandrijving is de maximum snelheid van moderne slepers achterstevoren varend bijna even groot als hun voorwaartse snelheid. Zo heeft de Smit Rhône een voorwaartse snelheid van 13,6 knopen en achterwaarts van 12,9 knopen. Met de boldertrek is dat eveneens het geval - voorwaarts 65,8 ton en achterwaarts 59 ton.

De door Damen Shipyards gebouwde serie Smit-slepers van de klassen Smit Mersey en Smit Rhône (ASD Tug 3111 type YN 7934 en YN 7949) van 4908 rempaardekrachten zijn azimut stern-drive (ASD)-aangedreven, dus hun beide Z-pellers, type Aquamaster of Schottel,

De Amerikaanse Panamax bulkcarrier Meridian Sky (Majuro,1989, 76.839 dwt) krijgt in 1998 assistentie van Smit's Texelbank, terwijl de Banjaardsbank een ander schip opwacht.

Boven en onder:
De Fairplay's 21 tot 26 slepen vrijwel altijd 'over de boeg', zoals hier de 21, 23 en 24 met de bulkcarriers Berge Pacific (Stavanger, 1986, 231.850 dwt) en Acina (Arendal,1982, 75.470 dwt). Hoewel ze achteruit kan varen, kan de Fairplay XV dat niet omdat zij geen winch heeft op de bak.

De Adelaar staat in 1998 op het punt met de Smit Frankrijk de bulkcarrier Belmaj (Monrovia, 1990, 149.516 dwt) aan de boeg te begeleiden.

bevinden zich aan het achterschip. Smit heeft in 1999 een jaar lang met een voor een Italiaanse afnemer bestemde boot van dit type geoefend, de Citta della Spezia. Ook de in Spanje van 1998 tot 2001 gebouwde Fairplay 21 tot 24 van 4500 rpk en Fairplay 25 en 26 van 5500 rpk en een boldertrek van respectievelijk 55 en 65 ton, zijn ASD-aangedreven, evenals de in Canada gebouwde SD Jacoba van Kotug van 4000 pk en 52 ton boldertrek. De Fairplay-boten hebben bovendien nog een in een tunnel geplaatste propeller of "thruster" in de boeg voor extra wendbaarheid en stuwkracht in zijwaartse richting.
Alle genoemde sleepboten zijn zeewaardig. Zo is de Jacoba op eigen kracht uit Canada naar Rotterdam gekomen en zijn Smit-slepers op eigen kracht naar Panama en Curaçao gevaren. De krachtigste havenslepers van Smit zijn nog altijd de Maasbank en Vikingbank uit 1987, eveneens ASD-aangedreven schepen van 5500 pk en 65 ton boldertrek waarvan er een in Nigeria opereert. Verscheidene van de genoemde sleepboten zijn ook met bluskanonnen uitgerust en hebben, zoals de Damen-slepers van Smit, een neerklapbare signaalmast.
Van de schepen met twee azimutpropellers naast elkaar bestaan er twee varianten - de al genoemde "stern drives" en de "tractors". Bij deze variant bevinden de propellers zich vrijwel recht onder het stuurhuis in de midscheeps, zoals bij de Texelbank en Thamesbank van Smit (in 1992 in Frankrijk gebouwd) en de in Amerika gebouwde ZP Montelena, -Chandon en -Chalone van Kotug. Ook bij deze schepen ontbreken de conventionele roeren, daar die overbodig zijn. Wel zijn ze uitgerust met scheggen of kielzwaarden onder de romp, hetzij voor of achter of, zoals bij de Damen-slepers van Smit centraal geplaatst. De scheggen maken integraal deel uit van de onderwaterromp, zorgen voor extra stabiliteit en koersvastheid en bevorderen de trekkracht in verschillende richtingen. De wijze van aandrijving als toegepast bij de Smit Polen, Smit Japan en Smit Siberië (1986) en de Fairplay VII (1992), X (1988) en XV (1975) is dat deze geen azimutpropellers hebben maar twee propellers in vaste straalbuizen, zogenoemde Kort-nozzles, waarvan meestal de schroefbladen verstelbaar zijn, ofwel propellers met variabele spoed. Aan elke straalbuis is een roer of flaproer met extra trimvlak gemonteerd. Dezelfde aandrijving hebben de voormalige Smit-slepers Balau, Smit Frankrijk en Smit China, en ook de Smit Denemarken, -Finland en -Ierland, evenals de enkelschroefs Stella van Kotug. Een conventioneel aangedreven enkelschroefs kleine Smit-sleper was de mooi gelijnde Adelaar uit de jaren '60 (zusterschip was de Albatros), eerder eigendom van Jan Kooren. De boot is thans nog werkzaam in een kleine haven in Bretagne.
Tot de slepers aangeduid als "tractors" behoren ook die welke worden aangedreven door het Voith-Schneider systeem, dat geheel afwijkt van de andere systemen, maar waarvan het effect precies hetzelfde is. Daarbij gaat het om een zogenoemde cycloïdale propeller die er geheel anders uitziet dan een azimutpropeller en niet verticaal in het water roteert, maar horizontaal. Dat wil zeggen dat de vijf schroefbladen de vorm en het profiel hebben van een vliegtuigvleugel of peddel, en verticaal naar beneden wijzend als een soort mixer in het water ronddraaien. Doordat de spoed van de bladen variabel en instelbaar is, wordt stuwkracht opgewekt. Door twee VS-propellers naast elkaar in de midscheeps te plaatsen, wordt in alle richtingen een stuwkracht en wendbaarheid verkregen die niet onderdoet voor die van de azimutpropellers. De bediening geschiedt met een stuurwiel, plus twee hendels op een console in het stuurhuis. Met de hendels kan de spoed van de schroefbladen van de twee eenheden zowel afzonderlijk als met beide tegelijk worden ingesteld en daarmee de langsscheepse stuwkracht voorwaarts en achterwaarts. Met het stuurwiel wordt dwarsscheepse

Moderne sleepboten als hier de Thamesbank en Texelbank kunnen bijna even snel achteruit varen als vooruit.

stuwkracht verkregen. Kleine bewegingen van het stuurwiel produceren veranderingen in koers als bij elk ander besturingssysteem. Bij maximale wieluitslag wordt alleen zijwaartse stuwkracht naar bak- of stuurboord opgewekt. Met dit systeem uitgeruste boten zijn de voormalige Smit-slepers Banjaardsbank, Schouwenbank (1970), Dordtsebank, Kwintebank, Sandettiebank en Varnebank (1976), evenals de VS Rotterdam en VS Hamburg van Kotug. Nog een VS-aangedreven boot is de VS Pollux van Iskes & Zoon in IJmuiden, die in Rotterdam regelmatig voor Kotug werkt. Geen van deze oudere schepen hebben een winch op de bak vóór het stuurhuis, maar wel een trekhaak en bolder. De meeste van de genoemde sleepboten hebben een lengte van tussen de 25 en 35 meter en meten ergens tussen de 400 en 700 ton. Om vroegtijdige corrosie door het wegens de rotatie van de propellers veroorzaakte zuurstofrijke water te voorkomen, zijn de straalbuizen van alle sleepboten aan de buitenkant rondom voorzien van zink-anodes. In plaats van de straalbuizen, corroderen de anodes en fungeren dan als het ware als "bliksemafleiders".

De elektronische uitrusting van een moderne havensleepboot bestaat typisch uit de volgende nautische apparatuur en communicatiesystemen - lange- en korteafstandsradar, gyrokompas, automatische piloot, elektronisch (zee)kaartensysteem, dieplood, zoeklicht, VHF-, HF- en MF radio (of 3 x VHF), GPS, GSM en Fax. Kortom, de moderne, geavanceerde havensleepboot is een hi-tech machine.

Juist binnen de havenhoofden wordt de supertanker Sylt (Panama, 1993, 279.995 dwt) van World-Wide Shipping, Singapore, in april 1999 bij mooi weer en weinig wind aan het achterschip door de Smit Polen en Texelbank opgevangen en passief geëscorteerd.

Escorteren, vastmaken, slepen, afmeren

Zodra een supertanker of ertscarrier, dus een "geuler" van meer dan 275 meter lang, vanuit zee de Maasmonding nadert, een halve mijl vooruit geëscorteerd door een zeegaande boot van de RPA, komen er minimaal vier sleepboten in actie. Voor een schip dat korter is zijn bij goed weer drie sleepboten voldoende en voor schepen korter dan 220 meter slechts twee. Maar dat is slechts een vuistregel die afhankelijk is van meerdere factoren, waaronder het weer. Het punt waar ze het schip daadwerkelijk gaan escorteren is van tevoren bepaald, afhankelijk van wat in het sleepcontract staat (in Rotterdam wordt voor sleepboot-assistentie een vast bedrag berekend naar gelang de specifieke lengte van een schip, de zoge-

De Sylt wordt aan de boeg begeleid door de Smit Frankrijk en Sandettiebank.

noemde "lumpsum"), van welke rederij het schip is, hoe groot het laadvermogen is, wat de zeeloods en scheepskapitein willen, welk tij het is, wat de stroming, windkracht en windrichting zijn en in welke haven het wordt afgemeerd.
Mammoettankers en bulkcarriers die op de Maasvlakte bij de Maasvlakte Olie Terminal of de EMO in de Mississippihaven moeten zijn, worden al buitengaats juist voorbij de havenhoofden opgevangen; schepen bestemd voor het Calandkanaal pas binnen de pieren van de Maasmonding, omdat ze rechtdoor kunnen blijven varen. Schepen bestemd voor de Maasvlakte moeten een bijna haakse bocht maken om de landtong van de Papegaaienbek heen het Beerkanaal in.
Gezien de grote uitlooplengte van vele kilometers van deze schepen, worden ze al buitengaats opgevangen. Eerst middels zogenoemde "passieve escorte" - het escorteren van zeer dichtbij zonder al vast te maken. Daarbij bevinden zich twee slepers vóór bij de boeg en twee, veelal de sterkste van de vier, naast en achter het achterschip. Bij zeer grote schepen en afhankelijk van windkracht, windrichting en stroming komt er soms nog een vijfde sleepboot bij voor passieve escorte, die langszij het schip blijft varen en kan fungeren als duwboot om het schip in de as van de vaargeul te houden, want sleepboten zijn tevens duwboten. Dat dit niet altijd makkelijk is, bleek op 8 april 2001 toen de Koreaanse ertscarrier Ocean Queen (187.864 ton, 294 m lang) door vijf sleepboten van Smit en Fairplay bij windkracht 6 uit het noordwesten werd geassisteerd en in de Maasmond een boei van de vaargeul schampte. De Smit Clyde en Fairplay 21 moesten er flink tegenaan gaan. Daartoe zijn sleepboten geheel rondom voorzien van rubberen stootranden of "fenders" of, bij de oudere boten, van aan kettingen langs het vrijboord hangende autobanden.

Inzet:
De supertanker Algarve wordt in mei 2003 al op enkele kilometers buiten de havenhoofden geëscorteerd door slepers van Smit.

Boven:
Nadat de hieuwlijn naar de Smit Frankrijk is uitgegooid en door de liergast van de sleper met de drijflijn is verbonden, wordt de lijn door de liergast van de Sylt via de verhaalkop van de winch weer binnengehaald.

Hetzelfde gebeurt nu ook met de aan de hieuwlijn verbonden dikkere nylon drijflijn van de Smit Frankrijk, tot de lus van de aan de drijflijn verbonden stalen voorloper om de bolder van de Sylt kan worden gelegd.

De eerste slepers die vastmaken zijn doorgaans die aan het achterschip, waarbij de sleeplijnen gewoonlijk slap hangen, of de een slap en de andere strak. Dit wordt "actieve escorte" genoemd. De slepers kunnen dan onmiddellijk reageren en assisteren in de besturing van het schip, of het een bocht doen inzetten. Vervolgens zullen de slepers aan de boeg ook vastmaken, waarbij de sleeplijnen eerst weer slap hangen, om pas later actief te slepen en sturen of, afhankelijk van de situatie, remweerstand uit te oefenen. Belangrijk is dat het zeeschip een bepaalde "manoeuvreersnelheid" blijft aanhouden om de druk op het roer te behouden.
Bij dit alles wordt over de radio gecommuniceerd via een gesloten, storingvrij radiokanaal - het zogenoemde "storno-kanaal" - met de zeeloods op de brug van het schip, wiens instructies worden uitgevoerd. De loods bepaalt ook welke sleepboot waar moet vastmaken. Dat gaat als volgt: Eerst wordt vanaf het zeeschip een dunne werplijn of hieuwlijn naar de sleepboot uitgeworpen. Aan die lijn zit veelal een rubberen bal of leren zak gevuld met zand, ook wel "het keesje" genoemd. De werplijn wordt door de liergast op de sleepboot verbonden met een dikkere, 40 m lange drijflijn. Deze nylon drijflijn wordt weer vastgemaakt aan de 15 tot 25 m lange stalen voorloper op de winch van de sleepboot, die vanuit het stuurhuis wordt bediend. De voorloper is verbonden met de 10 tot 35 m lange "rekker", een dik nylon touw van polypropyleen dat de eerste trekkrachten opvangt. Aan deze rekker zit dan de eigenlijke sleeplijn, hetzij van staaldraad of van propyleen, dat zo sterk is als staal, maar veel lichter. Het geheel wordt door de sleepboot gevierd en door de liergast op het zeeschip ingenomen en aangehaald op de verhaalkop van de winch, tot de lus van de voorloper om de bolder van het zeeschip kan worden gelegd. Havensleepboten die niet ver buitengaats hoeven te zijn, hebben op de voorste winch een sleeplijn van ongeveer 60 meter lang en op de achterste winch een van 90 meter. Havensleepboten die ook ver buitengaats moeten kunnen slepen, hebben op de achterste winch een lijn waarvan de lengte kan variëren van 500 tot 2000 meter.
Na deze procedure al varend vier keer met vier sleepboten aan de vier einden van het schip te hebben voltooid, gaat men met een snelheid van 5 à 6 mijl per uur op weg naar de afmeerplaats van bestemming. Daar aangekomen volgen complexe manoeuvres, vooral wanneer het schip achterwaarts aan de steiger of kade moet worden afgemeerd. Bevindt het schip zich eenmaal evenwijdig of met boeg of achterschip aan de ligplaats, dan haken twee of drie en uiteindelijk alle vier sleepboten af en duwen het schip ter hoogte van het vrijboord voorzichtig tegen de kant. Het duwen mag alleen gebeuren tegen bepaalde versterkte plaatsen van de romp, aangegeven door witte lijnen of door het woord "tug". Onderwijl bevindt de loods zich samen met de kapitein aan het eind van de brugvleugel die naar de kade is gekeerd, om de situatie in ogenschouw te nemen en via radiotelefonie zijn instructies te geven. Aan de kade of steiger bevinden zich houten stootplaten waarlangs het schip komt te liggen. Wanneer sleepbootkapiteins hiermee bezig zijn, doen ze dat feitelijk "blind", daar zij tegen hoge stalen wanden moeten aankijken. Dit vereist een goede samenwerking en veel vertrouwen en professionaliteit wanneer zij de instructies van de loods ten uitvoer brengen.
Wanneer niet in actie en niet "off-duty", liggen sleepboten altijd standby voor een nieuwe klus of "reis", zoals men dat noemt. Via de radiokamer aan de wal, in wezen een verkeerscentrale op zichzelf en voorzien van een aantal computerschermen, hoort de bemanning dan vaak pas een half uur van tevoren om welk schip het gaat, wat de lengte en diepgang is, enzovoort. In geval van supertankers en grote ertscarriers wordt men meestal enkele uren van tevoren ingelicht en, wanneer die buitengaats voor anker liggen, een etmaal van tevoren. De driekoppige bemanning verblijft een week lang dag en nacht op de boot, waartoe die van alle nodige accommodatie is voorzien. Dit is dus in principe niet anders dan bij de koopvaardij.

De Roeiers

Inmiddels liggen de roeiers - ook wel de "afmeerploeg" of "vastmakers" genoemd - met hun motorjollen al klaar om het schip met zijn 10 tot 20 trossen van propyleen aan de kade of steiger en aan meerpalen of dukdalven af te meren. Een deel van de roeiers bevindt zich te water, een ander deel aan de wal om de trossen aan de bolders vast te leggen. Gezien de grote lengte van deze schepen doen de roeiers aan de wal dat met pick-up auto's voorzien van een lier. De roeiers te water varen met twee trossen per jol, vastgezet in klemmen, naar de kade of de dukdalven. Vanuit de jol beklimt de roeier via een metalen ladder de dukdalf om de trossen vast te maken. Daartoe is de dukdalf voorzien van een verhaalkop en winch en laat hij een werplijn uit naar zijn collega in de jol. Die verbindt de werplijn met de tros, waarna *(vervolg op pagina 87)*

Kotug's VS Rotterdam in het Calandkanaal met op de achtergrond de Aframax tanker Bergitta (Grimstad, 2000, 105.641 dwt), passief geëscorteerd door de ZP Montelena.

Deze pagina en foto bovenaan de volgende pagina: Vijf sleepboten, Fairplay 21, 24 en 25 en de Smit Clyde en Smit Loire (buiten beeld), doen moeite de Koreaanse ertscarrier Ocean Queen (Busan,1987, 187.864 dwt, 294 m lang, 48 m breed, diepgang 18 m.) terug in de as van de vaargeul te brengen, waarbij het schip de boei 'Maas 5' schampt.

Kotug's SD Jacoba in de 4e Petroleumhaven met als decor v.r.n.l. de tankers Libra (Piraeus,1988, 41.161 dwt) en Matco Thames (London,1975, 89.398 dwt) en de bulkcarrier Konpolis (Monrovia, 1979, 78.574 dwt).

De ZP Chandon is via de voorloper en rekker met de Sea Azalea verbonden voor actieve escorte. De eigenlijke sleeptros zit nog op de winch.

Boven en onder:
De Japanse bulkcarrier Sea Azalea (Panama, 1999, 170.000 dwt) wordt bij aankomst in de Maasmond begeleid door de Kwintebank en VS Rotterdam.

Onder:
Uitscheren van de ZP Chandon achteruitvarend bij slaphangende tros.

De Smit Mersey helpt in juni 1999 het Russische half-afzinkbare zwareladingschip Transshelf (1987, 34.030 dwt), beladen met twee booreilanden, van de Maasvlakte het Beerkanaal in. De Transshelf was destijds toegevoegd aan de vloot van Dockwise en gaat hier op weg naar Galveston, Texas.

deze met de winch wordt opgehaald en via de verhaalkop mechanisch aan een hoornvormige, uitklapbare stalen bolder wordt geborgen. Het weer losgooien van de trossen gebeurt door de hoorn van de bolders mechanisch te ontkoppelen zodat de tros er automatisch afglijdt het water in. Zware dukdalven zijn van meerdere bolders voorzien voor het vastmaken van vier tot zes trossen. Het vak van roeier is typisch een beroep dat van vader op zoon wordt doorgegeven. De Rotterdamse roeiers zijn georganiseerd in de roeiersvereniging "Eendracht", die al sinds 1898 bestaat en aan wie in 1995 bij koninklijk besluit het predikaat "koninklijk" werd toegekend. De organisatie is ondergebracht in drie rayons, de rayons Waalhaven, Botlek en Europoort, met als centrale post de Botlek.

Midden en onder: Achterwaarts afmeren van de Saoedische supertanker Venus Glory (Monrovia, 2000,299.089 dwt) door vier sleepboten van Smit aan de TEAM-terminal in de 5e Petroleumhaven, wat gepaard gaat met flink 'trekken en duwen'.

Gezien vanaf de SD Jacoba wordt 's werelds grootste ertscarrier Berge Stahl (Stavanger, 1986, 364.767 dwt) bij vertrek van de EECV-ertsterminal met de boeg naar zee 180 graden gekeerd.

Onder:
Overgooien van de werplijn met 'keesje' vanaf de achterplecht van de Britse bulkcarrier Meynell (ex SG Universe, Hamilton, 1997, 185.688 dwt) van Associated Bulk Carriers (Hong Kong, voorheen P&O Bulk Carriers) naar de Texelbank.

Rechts:
Terwijl de Texelbank gas geeft staat de sleeptros strak gespannen.

Terwijl de Meynell in september 2003 de Maasmond binnenloopt neemt de Fairplay XV achteruitvarend positie in om het schip aan de boeg te escorteren.

De Griekse Suezmax tanker Yannis P. (Piraeus, 2002, 159.925 dwt) op sleeptouw bij vertrek van de MET-terminal in de 7e Petroleumhaven. De Fairplay 24 vaart hier achteruit.

Terwijl haar schoorstenen zwarte rook uitbraken is de Fairplay 21 bezig de tanker Robin (Monrovia, 1999, 35.966 dwt) te assisteren tijdens het afmeren in de 6e Petroleumhaven van de Nerefco-raffinaderij.

Boven en onder:
De Fairplay 22, XV en VII assisteren bij het 180 graden keren van de Meynell alvorens het schip aan de EBS-terminal wordt afgemeerd.

De turbulentie van het water verraadt dat de SD Jacoba en RT Magic er hard aan trekken om de supertanker Samco America vanuit het Beerkanaal 90 graden te keren en achterwaarts de 8e Petroleumhaven van de MOT in te slepen, parallel aan de steiger.

Midden:
Het achterschip van de Noorse ertscarrier Berge Pacific (Stavanger, 1986, 231.851 dwt), op weg naar de EECV-terminal. In de hoofdmast wordt het "Ik kan niet manoeuvreren" signaal gevoerd.

De volbeladen supertanker Front Page (Monrovia, 2002, 298.300 dwt) van de Noorse Frontline in het Beerkanaal na vertrek bij de MOT-terminal, met de SD Jacoba vastgemaakt aan het bakboord achterschip.

Boven:
Terwijl de RT Magic en VS Hamburg assisteren aan boeg en vrijboord, nadert de Berge Pacific de EECV-terminal. De luiken A5 en A7 zijn al geopend.

Aan boord van de Smit Rhône bij het afmeren van het Nederlandse vrachtschip Marinus Green van Beluga GenChart BV, Rotterdam, aan 'boei 79' in het Calandkanaal. De cilinder op het stuurhuis van de Smit Rhône geeft aan dat het een binnenvaartschip is en moet door alle havensleepboten worden gevoerd die niet zijn gecertificeerd om buitengaats te opereren.

Smit's Dordtsebank passeert in oktober 2000 bij hoge snelheid de Roemeense bulker Aris (Constanta, 1974, 8750 dwt).

Sleepbootbemanningen en roeiers hebben een aanvullende taak bij het afmeren van zeeschepen. Hier de Smit Clyde met de roeiersjol RVE30 als gebruikt voor het vervoer van loodsen.

Het werk van de roeiers speelt zich af tussen wal en schip. Wanneer niet snel genoeg wordt gewerkt is het gevaar niet denkbeeldig dat men tussen schip en kade ingesloten raakt.

Roeiers op de kade maken gebruik van pick-up auto's om de trossen te behandelen, zoals hier bij de ECT Delta-containerterminal in de Amazonehaven van de Maasvlakte.

Een roeier gooit de trossen los van de bolders op een dukdalf.

Terwijl roeiers bij het voorschip van de Indiase tanker Jag Laxmi (Mumbai, 1999, 105.051 dwt) bezig zijn met de meertrossen, wordt de boeg van hun jol overspoeld met spuiwater uit de bakboord ankerkluis, wat geen problemen oplevert. De tanker wordt afgemeerd aan steiger 2 van de MOT en is van The Great Eastern Shipping Co., Mumbai (Bombay). Links van de jol ligt het permanente oliekerende scherm van de MOT in het water.

Onder:
Roeiers bezig de Iraanse bulkcarrier Iran Azarbayjan (Bandar Imam Khomeini) vast te leggen aan boeien in het Calandkanaal met assistentie van de Fairplay 24, mei 2005. Let op het witgeschilderde reserve-anker en dito schroef achter de schoorsteen. De Iraniër op de brugvleugel gebaart me 'weg te wezen', denkt waarschijnlijk dat ik een 'spion' ben…

9. DE SUPERTANKERS
Very Large en Ultra Large Crude Carriers

Omdat het in het Midden-Oosten eind jaren zestig en begin jaren zeventig politiek bijzonder onrustig was en de vaarroute in het Suezkanaal jaren achtereen met scheepswrakken was geblokkeerd, was dat voor de oliemaatschappijen aanleiding alsmaar grotere tankers te gaan bouwen. Men moest nu vanuit de Perzische Golf immers helemaal om Afrika heen varen, en dus was het kostenbesparend om per schip dan zo veel mogelijk olie tegelijk te kunnen vervoeren. Temeer ook daar in diezelfde periode de energiebehoefte jaarlijks met acht procent toenam. In 1967 hadden de internationale scheepswerven dan ook al orders voor de bouw van 64 tankschepen met een laadvermogen van meer dan 200.000 ton (deadweight) elk. Een jaar later al kwam de eerste 300.000-tonner in de vaart, de "Universe Ireland" (326.586 ton deadweight), gevolgd door vijf zusterschepen die door Gulf Oil werden gecharterd. Begin jaren zeventig waren door diverse rederijen en oliemaatschappijen al vele 300.000-tonners besteld, zodat in 1974 om de drie dagen een nieuwe VLCC (Very Large Crude Carrier, een tanker van 200.000 ton of meer) in de vaart kwam. Kort daarop volgden zelfs enige tientallen 400.000-tonners, zoals de "Chevron North America" (1976, 412.614 ton), de "Aiko Maru" (1976, 413.015 ton, de latere "Hellespont Embassy"), de "Berge Empress" (1976, 423.677 ton, de latere "Empress des Mers"), de "Esso Caribbean" (1976, 457.154 ton, later "Kapetan Giorgis"), de "Burmah Endeavour" (1977, 457.841 ton, later "Stena Queen") en de "Burmah Enterprise" (1978, 457.927 ton, later "Stena King"). In augustus 1972 werd de droom van economen en tankerontwerpers werkelijkheid, toen Shell Frankrijk bij de Chantiers de l'Atlantique in St.Nazaire twee 500.000-tonners bestelde, de "Batillus" (550.001 ton dwt) en "Bellamya" (553.662 ton dwt), die beide in 1976 werden opgeleverd. Maar door instorting van de markt, de gekelderde vrachttarieven en het aan westerse landen opgelegde olie-embargo als nasleep van de Yom Kippur-oorlog van 1973, ontstond een enorme overcapaciteit, zodat honderden tankers werden opgelegd in Noorse fjorden, Griekse wateren en beschutte baaien in het Verre Oosten. Met het gevolg dat ook de beide Shell-reuzen slechts zeven jaar hebben gevaren. Na drie jaar te zijn opgelegd in een Noorse fjord werden ze al in 1986 in Taiwan en Zuid-Korea gesloopt. Hetzelfde lot onderging ook de "Lepton" van Shell die, hoewel veel kleiner (318.000 ton dwt), na amper tien jaar varen in 1985 eveneens voor sloop werd verkocht. Toch was de trend van alsmaar groter nog niet voorbij, toen in 1977 nog twee "halfmiljoentonners" werden opgeleverd - de "Esso Atlantic" en "Esso Pacific" (de latere "Kapetan Giannis" en "Kapetan Michalis") van resp. 516.895 en 516.423 ton met een lengte van 406,6 meter, een breedte van 71 meter en een diepgang van 25,3 meter. De twee allergrootste tankers ooit gebouwd, kwamen eveneens in de tweede helft van de jaren zeventig in de vaart - de "Seawise Giant" (1976, de latere "Jahre Viking") van 564.650 ton dwt en de "Prairial" (1979, de latere "Hellas Fos" en "Sea Giant") van 555.051 ton dwt. Na in 1987/88 bij Kharg Island driemaal door Irakese bommen te zijn getroffen werd de Seawise Giant met

De ultragrote supertanker Empress des Mers (Nassau, 1976, 423.677 dwt) van Tankship Transport Ltd., Bahamas, wordt gelost aan steiger 1 van de Maasvlakte Olie Terminal in oktober 1998. In mei 2004 was het oude schip nog in bedrijf tussen de Perzische Golf (Kharg Island) en de Ain Sukhna terminal bij Suez, maar ging een maand later voor sloop naar Bangladesh. Gebouwd bij Mitsui Shipbuilding, Japan. @ Chittagong, 6-2004.

81,45 m verlengd en als "Jahre Viking" weer in de vaart genomen. Met een lengte van 458,5 meter (en een breedte van 69 meter) was de Jahre Viking het langste schip aller tijden, terwijl de "Sea Giant" (414,2 m lang en 63 m breed) de grootste diepgang had, namelijk niet minder dan 28,6 meter. Zulke ultragrote schepen werden vooral gebouwd voor de routes van de Perzische Golf via Kaap de Goede Hoop naar de Golf van Mexico en de Amerikaanse westkust om de energieverslindende Amerikaanse economie van olie te voorzien. Als de enig overlevende van al deze mammoeten doet de Jahre Viking na verbouwing onder de naam "Knock Nevis" nog dienst als drijvende olieopslagplaats (FSO, Floating Storage Offtake) voor de kust van Qatar.

Maar ook met deze twee giganten was de "megalomanie" nog niet ten einde, daar in 1976 in Zweden een 700.000-tonner op de tekentafels stond. Al tijdens de ontwerpfase echter werd de lengte van dit schip onder druk van de economische omstandigheden met meer dan honderd meter ingekort tot 364 meter. De breedte van 79 meter en de diepgang van 24 meter werden verder ongemoeid gelaten, waardoor het laadvermogen was teruggebracht tot 491.120 ton. Daarmee werd deze mammoet zoals in 1978 opgeleverd, uiteindelijk de op vier na grootste tanker ter wereld en de breedste van allemaal. We spreken over de "Sea World" (ex "King Alexander", ex "Nanny"). Onder de twee eerstgenoemde namen heeft dit schip enkele malen de Maasvlakte Olie Terminal bezocht: in 1994 en 1999. Aangeduid met de vrij nuchtere benaming "Ultra Large Crude Carriers" - de ULCC's, was het culminatiepunt in de bouw van deze "crude-o-saurussen" inmiddels wel bereikt. Thans zijn ze vrijwel uitgestorven daar het economisch niet aantrekkelijk meer is om zulke enorme schepen te bouwen. Want het was duidelijk geworden dat de overcapaciteit aan tankertonnage zelfs een toekomstige economische behoefte nog ver zou overstijgen. Met het gevolg dat van 1981 tot eind 1986 niet minder dan 283 relatief nog nieuwe en onbeschadigde VLCC's voor sloop werden verkocht, wat neerkwam op een reductie van bijna 40% van de totale supertankervloot. Bovendien waren in dezelfde periode vele bekende tankerrederijen als de Noorse Waage, Reksten, Bjornstad, de Zweedse Salen en de Griekse Colocotronis om voor de hand liggende redenen failliet gegaan, terwijl tankerrederijen in het Verre Oosten als de Japanse Sanko Line en van C.Y.Tung in Hong Kong alleen door zware financiële steun van banken en de overheid het hoofd boven water konden houden.

In Europa kwamen grote scheepswerven als de Zweedse Gotaverken en onze eigen RSV (Rijn Schelde Verolme) zonder orders te zitten daar zoals te verwachten was, tijdens de jaren tachtig weinig nieuwe supertankers werden gebouwd. Een onverwacht gevolg van een en ander was dat vanaf eind jaren tachtig de nieuwbouw van VLCC's en grote ertscarriers dankzij massieve overheidssteun zich ging concentreren op scheepswerven in Japan en Zuid-Korea. Thans is het zo dat meer dan tweederde van deze scheepstypen in deze twee landen wordt gebouwd - terwijl de eerste in China bij de Dalian-werf gebouwde supertankers in 2003 werden opgeleverd aan Iran - hoofdzakelijk omdat dat nergens goedkoper kan.

Vanaf 1987 kwam de chaos in de internationale tankvaart meer en meer tot rust door drie belangrijke ontwikkelingen. Ten eerste was de westerse afhankelijkheid van Arabische olie verminderd door een toenemende productie buiten de OPEC-landen om, zoals in de Noordzee, in Rusland en in Alaska. Ten tweede was, mede als gevolg daarvan, de OPEC-prijs per barrel ingezakt, waardoor het transport van Arabische olie weer aantrekkelijk werd. En ten derde was doordat zo'n 80 miljoen ton van de supertankervloot was gesloopt, het evenwicht tussen vraag en aanbod weer hersteld. De chaotische jaren waren voorbij en sindsdien vaart de tankerbusiness weer in aanzienlijk kalmer wateren, hoewel die bij elke nieuwe Golf-oorlog opnieuw kan worden verstoord. Ook werden vanaf de jaren negentig weer kleinere supertankers gebouwd van rond de 300.000 ton laadvermogen met een lengte van zo'n 335 meter, een breedte van 55 meter en een maximale diepgang van 22 meter, zoals die een twintig jaar eerder ook al van stapel waren gelopen. Een trend die zich tot op heden blijft voortzetten. Uitzonderingen zijn de vier ULCC's van Euronav Luxembourg SA (Tankers International) - TI Asia (ex Hellespont Alhambra, 441.893 dwt, 2002), TI Africa (ex Hellespont Metropolis, 441.893 dwt, 2002), TI Oceania (ex TI America, ex Hellespont Fairfax, 442.470 dwt, 2003) en TI Europe (ex Hellespont Tara, 442.470 dwt, 2002). Gebouwd bij Daewoo in Korea voor de Hellespont Steamship Corp. in Piraeus, zijn deze moderne giganten thans met afstand de grootste dubbelwandige supertankers ter wereld. Sinds ze in de zomer van 2004 werden toegevoegd aan de tankerpool van Euronav, een dochter van CMB, de Compagnie Maritime Belge, voeren ze de Belgische vlag met Antwerpen als "thuishaven". Omdat ze geheel wit zijn geschilderd zien ze eruit als "spookschepen" met een uniek gevormd, smal en acht dekken hoog "open doorkijk" dekhuis, slechts voorzien van rudimentaire brugvleugeltjes. Hoewel voornamelijk varend op de route van de Perzische Golf naar de Golf van Mexico en de Amerikaanse westkust, hebben ze de afgelopen jaren enkele malen Europoort bezocht, zowel bij de MOT als bij Vopak. Na bij de MOT *(vervolg op pagina 99)*

De Empress des Mers in het Beerkanaal aan het begin van haar zoveelste reis naar de Perzische Golf.

De ULCC Jahre Venture (Sandefjord, 1975, 392.798 dwt) van World Tankers Pte Ltd., Singapore, wordt in april 1999 door Smit-slepers achteruit in de 8e Petroleumhaven van de MOT gemanoeuvreerd. De sleepboot bij het achterschip is de Citta della Spezia. Gebouwd bij Weser AG, Bremen. @ Chittagong, Bangladesh, 2000.

Op de boeg is de oorspronkelijke naam - Ioannis Colocotronis - nog zichtbaar in opgelaste letters. Haar latere namen waren respectievelijk Berlin, Sapphire en Serenity.

De massief ogende boeg van de Jahre Venture met Smit's Balau vastgemaakt.

De ultragrote mammoettanker Sea World (Nassau,1978, 491.120 dwt) van Tankship Transport Ltd., Bahamas (voorheen van Acomarit (UK) Ltd., Glasgow), arriveert in de Maasmond bij hoogtij, 1 september 1999.

De enorme rompbreedte van de Sea World van 79 meter is op deze foto duidelijk te zien. Gebouwd bij de Uddevalla Varvet, Zweden. @ Jiangyin, China, 6-2003.

De Sea World lossend aan steiger 2 van de MOT. Op de achtergrond de 36 opslagtanks van de MOT, elk met een capaciteit van plm. 105.000 ton. (Copyright via Auke Visser's International Super Tankers website)

De ULCC Embassy (George Town, 1976, 413.015 dwt) wordt op 25 april 1988 gereactiveerd na zes jaar in de Groningse Eemshaven te zijn opgelegd. Oorspronkelijk de Aiko Maru van de Japanse Sanko Line, werd ze in 1990 de Griekse Hellespont Embassy van de Hellespont Steamship Corp. Gebouwd bij Mitsubishi Heavy Industries, Nagasaki, Japan. @ Chittagong, Bangladesh, 20-10-2003.

te zijn gelost, werd de Hellespont Tara in juli 2004 aan "boei 70" in het Calandkanaal afgemeerd en omgedoopt tot TI Europe, om vervolgens bij Vopak via boord-boordoverslag weer te worden geladen. Dat de TI America alweer zo snel van naam veranderde, moet te maken hebben met de politieke gevoeligheid van de naam 'America' in het Midden-Oosten, met name sinds 'maart 2003': de inval in Irak. Ook in verband met de terroristische aanslag op de supertanker "Limburg" van dezelfde rederij in oktober 2002 voor de kust van Jemen. Sindsdien patrouilleren oorlogsschepen van de NAVO en de Amerikaanse Vloot in verhoogde mate in deze zeegebieden.

Afgezien van deze reuzen zijn kleinere tankers van de Suezmax en Aframax klassen steeds populairder geworden. Daarvoor zijn enige voor de hand liggende redenen te noemen. Niet alleen zijn de kleinere schepen handelbaarder en daarmee veiliger, ook heeft men ingezien dat een constante aanvoer van olie met kleinere schepen in feite belangrijker is dan een gigantische hoeveelheid ineens. En ook zijn er beperkingen in het gebruik en het onderhoud van de grootste schepen.

De "Sea World" bijvoorbeeld kon alleen in het gebied van de Perzische Golf worden geladen en een dokbeurt krijgen, zoals in 1998 in Dubai. Het aantal diepe vaargeulen, ligplaatsen en andere havenfaciliteiten van voldoende afmetingen is, ook in West-Europa, beperkt. Rotterdam is en blijft hierin nog altijd de grootste, ook in de hoeveelheid ruwe olie die binnenkomt, jaarlijks zo'n 100 miljoen ton. Andere Europese havens die volbeladen VLCC's kunnen ontvangen zijn Marseille, Le Havre, Duinkerken, Wilhelmshafen, Gothenburg en Slagenstangen (Oslo Fjord). Maar ook 300.000-tonners moesten nog altijd om zuidelijk Afrika heen om in Europa te komen. Tot voor kort konden ze alleen leeg (in ballast) de veel kortere route terug via het 19 meter diepe Suezkanaal nemen. Tot voor kort, daar bij Suez aan de zuidzijde, evenals 160 km verderop bij Port Said aan de noordzijde los- en laadstations zijn gebouwd. Bij Suez (Ain Sukhna) wordt een deel van de olie gelost en gaat per pijpleiding naar Port Said (Sidi Keriri), waar de tankers hun lading vervolgens weer innemen. Dit geeft een tijdsbesparing van 12 dagen op een reis die om de Kaap anders 40 dagen zou duren. Ook varen supertankers heen en terug tussen de Golf-regio en Ain Sukhna, evenals van Sidi Keriri naar havens aan de Middellandse Zee en West-Europa en weer terug, daar beide stations over een olieopslagcapaciteit beschikken.

Vanaf 2006 is het kanaal uitgebaggerd voor schepen tot 200.000 ton met een diepgang tot 18,5 meter. Vanaf 2010 zal het verder worden uitgebaggerd voor VLCC's tot 320.000 ton met een diepgang van 22 meter.

De Techniek

De bouw van zeer grote tankers is technisch mogelijk geworden door toepassing van een staalsoort van hoge treksterkte, het zogenoemde "high tensile strength" staal. Aangezien dan lichtere en dunnere staalplaten kunnen worden gebruikt, krijgen de schepen een geringer eigen gewicht bij eenzelfde sterkte. En hoe lichter het schip, hoe meer lading het kan vervoeren. Het gevaar is wel dat de constructie dan té licht kan worden, waardoor er scheuren in de huid kunnen ontstaan, met als gevolg olielekkage (onder andere de Al Shuhadaa-klasse). Tevens kunnen door moderne corrosiebestrijdingsmethodes als de toepassing van epoxy-harsen, de tankwanden van dunner plaatstaal worden vervaardigd en kregen de tanks minder dwarsschotten, waardoor ook aan gewicht bespaard wordt. Een moderne tanker van 300.000 ton heeft totaal slechts 15 ladingcompartimenten, in plaats van de 30 van een tanker van 15.000 ton van een halve eeuw geleden. Wat betreft de machine-installatie is het zo dat de hogere voortstuwingskracht nodig voor een zeer grote tanker, in verhouding veel minder is dan de grotere vervoerscapaciteit.

Heeft een 35.000-tons tanker een voortstuwingsinstallatie van 13.000 pk, dan is voor een volbeladen 300.000 tonner een krachtbron van 35.000 pk voor een kruissnelheid van 15 mijl per uur voldoende. Tankers vanaf 200.000 ton werden aanvankelijk voortgestuwd door stoomturbines die een enkele, ongeveer 45 ton wegende schroef aandreven die circa 85 omwentelingen per minuut maakte. De turbines ontvangen dan stoom van één enkele stoomketel met hoog rendement, met als reserve een kleinere noodstoomketel. Moderne VLCC's zijn niet langer voorzien van stoomturbines, maar worden door veel zuiniger dieselmotoren aangedreven van hetzelfde vermogen. Enige decennia geleden stond de ontwikkeling van zeer krachtige scheepsdieselmotoren nog in de kinderschoenen. Door de komst van grote en snelvarende containerschepen is de ontwikkeling van zuinige dieselmotoren van zeer groot vermogen in een stroomversnelling geraakt, waarvan dus ook de supertanker heeft geprofiteerd.

Bestond de bemanning van zo'n schip 20 jaar geleden nog uit 25 koppen, thans zijn dat er op de modernste schepen nog slechts 15, te weten: 5 officieren, 7 geïntegreerde scheepsgezellen en 3 man

De supertanker British Reliance van BP Shipping (Nassau, 1975, 269.757 dwt) bij aankomst in de Maasmond in ballast in juli 1993 om te worden geladen aan de Nerefco-terminal. Ze wordt opgewacht door Smit's Thamesbank en Texelbank. Gebouwd bij Mitsubishi Heavy Industries, Nagasaki, Japan. @Zhuhai, China, 2000.

in de civiele dienst. Dit is rechtstreeks te zien aan de dekhuizen van moderne schepen vergeleken met die van vroeger: Het moderne dekhuis is "afgeslankt", met veel minder hutpoorten en grote "open doorkijk" brugvleugelconstructies. Dat scheelt dankzij de automatisering dus weer in gewicht. Om de exploitatiekosten te drukken zijn de machine-installatie en de hulpwerktuigen volledig geautomatiseerd en vanuit één centrale post te controleren. Door de gecentraliseerde controle kan deze door één man of zelfs door een speciaal alarmeersysteem, zonder tussenkomst van wachtdoende werktuigkundigen geschieden - de "onbemande machinekamer" dus. Wil men daar toch een kijkje nemen, dan kan men vanaf de verschillende dekken per lift naar de machinekamer.
Ook op de commandobrug heeft de automatisering "toegeslagen" in de vorm van de modernste elektronische navigatiemiddelen. Het verschil met vroeger is vooral dat tegenwoordig alle apparatuur is gedigitaliseerd en dat computers en satellietcommunicatie hun intrede hebben gedaan. Dit laatste is te zien aan de witte Satcombol bovenop het dekhuis van alle grote schepen. Deze is gemaakt van di-elektrisch materiaal, een soort plastic dat elektromagnetische golven ongehinderd doorlaat. Zo kan men via GPS, het Global Positioning System, tot op minder dan een meter nauwkeurig zijn positie bepalen en met Differential GPS zelfs tot op centimeters nauwkeurig. Traditionele namen als "roerganger" en "telegraaf" zijn verouderde woorden geworden, want de "roerganger" bedient thans nog slechts een joystick, evenals dat vanaf de brug de machine-installaties met druktoetsen worden bediend.
Begrippen als "1e en 2e stuurman" en "machinist" behoren al evenzeer tot het verleden, daar die beroepen tegenwoordig volledig zijn geïntegreerd en samengevat in de term "maritiem officier". De apparatuur omvat verder twee radarinstallaties, een voor de korte en een voor de lange afstand, een gyrokompas en magnetisch kompas, een echolood, een diepgangindicator, een automatische piloot (autopilot), een Doppler log, een "weather fax", een "off-course alarm" en diverse radiosystemen. Bovendien kan op een computerscherm middels een bewegende digitale zeekaart de positie, koers en snelheid van het schip, andere schepen en bakens continu worden weergegeven. En ook is het gehele dekhuis voorzien van airconditioning.

Door permanente ballastwatertanks is het mogelijk geworden het schip tijdens het laden te ontballasten en tijdens het lossen te ballasten, waardoor een grote tijdsbesparing wordt verkregen. De ballasttanks zijn over de gehele romp verdeeld omdat het schip goed moet zijn getrimd, waarbij ze met zeewater worden gevuld of geledigd middels een gesloten distributiesysteem. Zij bevinden zich behalve in de boeg en in de dubbele bodem, ook op diverse plaatsen in de dubbelwandige rompzijwanden (zogenoemde vleugeltanks) en kunnen dan fun-

De British Reliance gezien bij eb ter hoogte van 'Slag de Beer'. Rechts de autocarrier Nosac Sea, komend van de Britanniëhaven.

geren als veiligheidsbuffer in geval van een frontale of zijdelingse botsing. Het laden en lossen van de grootste tankers kan binnen twee etmalen zijn voltooid, afhankelijk van de capaciteit van de walfaciliteiten. Dat gebeurt via de zogenoemde "manifolds" (verdeelstukken) aan bakboord en stuurboord in de midscheeps, waaraan de losarmen van de walinstallatie worden gekoppeld. Het is niet deze installatie die de lading overpompt, maar het zijn de ladingpompen van hoge capaciteit van het schip zelf. Terwijl de tanks worden leeggepompt, zal boven de oliespiegel een vacuüm ontstaan waardoor de tankwanden zouden imploderen en tegelijk zich een explosief gasmengsel gaan vormen. Om dat te voorkomen wordt gelijktijdig met het lossen middels het Inert Gas System een onbrandbaar gas uit de stoomketels onder een lichte overdruk in de tanks gepompt, nadat het gas eerst is gezuiverd en door zeewater gekoeld. De bediening van de hydraulisch bewogen afsluiters geschiedt gecentraliseerd vanuit een ladingcontrolekamer. Van groot belang daarbij is het gelijkmatig leegpompen van de tanks, een operatie die volledig is geautomatiseerd.

In de tijd dat dit nog niet het geval was, zijn daardoor wereldwijd diverse tankers doormidden gebroken. In 1980 is dat ook in Europoort gebeurd, toen als gevolg van een menselijke fout de mammoettanker "Energy Concentration" (what's in a name?) door een te grote concentratie van mechanische krachten doormidden knakte. Vanwege de korte laad- en lostijden was het noodzakelijk geworden ook de trossen automatisch te behandelen door middel van de "self tension winches" van het schip, ook van belang in getijdehavens als die van Europoort. Sinds dat echter door sommige experts als te gevaarlijk wordt beschouwd wegens een te grote spanningsopbouw op de trossen waardoor ze kunnen knappen, doet men dat bij de MOT handmatig. Daarbij wordt de trekspanning op de trossen voortdurend gevolgd. Wordt een bepaalde, nog veilige trekspanning bereikt van bijvoorbeeld 30 ton per tros (een zeer grote tanker kan er daar zo'n 20 van hebben) dan worden ze handmatig behandeld door de bandrem op de winches te ontkoppelen en weer aan te halen. Bij andere terminals in Europoort echter wordt wel van de "self tension" van de winches gebruik gemaakt. De trossen zijn geen traditionele "manillatrossen" meer, maar bestaan uit staaldraad, met een nylon voorloper van polypropyleen. Ook is geëxperimenteerd met trossen van kevlar, een materiaal dat sterker, maar veel lichter is dan staal. De slijtvastheid van kevlar laat echter te wensen over.

Het wassen van de tanks gebeurt met behulp van het "closed-cycle tank-cleaning system", ook wel genoemd het Crude Oil Washing System, bestaande uit sproeiers in de tankplafonds en waarbij een bepaalde hoeveelheid olie steeds wordt rondgepompt. Drab en slib worden dan van de olie gescheiden in de zogenoemde sloptanks. Door het water onder de olie (die immers lichter is dan water en waarvan ruwe olie altijd een klein percentage bevat) na bezinking weg te pompen, kan men de volgende lading zonder bezwaar weer innemen - het "load-on-top" systeem.

Een tanker kan ook verschillende soorten olie tegelijk vervoeren. Die soorten ("grades") worden aangeduid met termen die aangeven waar de olie wordt gewonnen, zoals "Arabian Heavy, Medium, Light" en "Berri" uit Saoedi Arabië. Zo is er ook "Iranian Heavy" uit Iran, evenals "Kuwait" en "Oman". Noorse olie wordt aangeduid met "Statfjord", "Draugen", "Balder" en "Troll", dat uit de velden in het Noorse deel van de Noordzee wordt verkregen; die uit de Britse sector heet "Brent" en Canadese olie (New Foundland) wordt "Forties" genoemd, naar de breedtegraad aldaar. Russische olie wordt aangeduid met "Ural Baltic" en Irakese olie met "Kirkuk" of "Basrah" etc. Een typische lading zoals die bijvoorbeeld door de tanker Regal Unity op 1 september 2001 bij de Maasvlakte Olie terminal voor Esso werd afgeleverd, bevatte 157.000 m^3 Arabian Berri, 32.000 m^3 Arabian Heavy, 70.000 m^3 Arabian Medium en 80.000 m^3 Arabian Light, totaal dus 339.000 m^3. Wanneer we dit getal nu vermenigvuldigen met 0.9, dan weten we ongeveer hoeveel dit is in tonnen lading, en dan komen we uit op 305.100 ton. De Regal Unity heeft een laadvermogen van 309.966 ton; dan blijkt dat het schip bijna vol beladen bij de MOT arriveerde, dat wil zeggen voor ongeveer 98%. De resterende 2% wordt de "ullage" genoemd - de lege ruimte die in de tanks moet overblijven.

Veiligheid en Milieu

Met de exponentiële groei van de wereldtankervloot was ook de vervuiling van de wereldzeeën sterk toegenomen. Die vervuiling werd zowel routinematig veroorzaakt, als incidenteel door berucht geworden ongelukken. De operationele vervuiling was te wijten aan de thans verouderde manier van ontballasten en het wassen van de ladingtanks, maar technische ontwikkelingen als de closed-cycle

De volbeladen VLCC Energy Progress (Monrovia, 1974, 281.852 dwt) van Sembawang Pte Ltd., Singapore, bij bijna-windstilte in de Maasmond in mei 1998, op weg naar de MOT. Gebouwd bij Sasebo Heavy Industries, Japan. @ Chittagong, Bangladesh, 2000.

De vobeladen supertanker Stena Concordia (ex Universe Burmah, Monrovia, 1973, 277.999 dwt) van Concordia Maritime AB, Gothenburg, de Maasmond binnenlopend in juli 1998. Gebouwd bij Ishikawajima Harima Heavy Industries, Japan. Werd in 2002 in Rio de Janeiro verbouwd tot de FPSO 'Petrobras 48' van Halliburton.

tank-cleaning en load-on-top systemen hebben de vervuiling sterk doen verminderen. Vanaf 1983 moesten op last van de Internationale Maritieme Organisatie (IMO, een instituut van de Verenigde Naties in Londen) alle nieuwbouwtankers zijn voorzien van gescheiden ballasttanks. De incidentele vervuiling door ernstige ongelukken met supertankers bleef echter toenemen. De eerste was die van de "Torrey Canyon" in maart 1967 bij de Scilly eilanden, waarbij de gehele lading van 115.000 ton in zee terecht kwam. Daarna was het in augustus 1974 de supertanker "Metula" die bij Straat Magellaen aan de grond liep en 40.000 ton olie verloor (de Metula werd door Smit Salvage geborgen). Vervolgens liep in maart 1978 de "Amoco Cadiz" op de rotskust van Bretagne, brak in tweeën en verloor daarbij haar volledige lading van 223.000 ton ruwe olie. In juli 1979 had de eerste botsing plaats tussen twee volbeladen VLCC's nabij Trinidad, de "Aegean Captain" en "Atlantic Empress", waarbij de laatste met 257.000 ton olie aan boord ten onder ging. Tot op heden is dit de grootste hoeveelheid olie die in één keer in zee is terechtgekomen. Bij al deze ongelukken werd ernstige schade toegebracht aan het regionale milieu. Toch is het zelfreinigend en herstellend vermogen van de natuur verbazingwekkend te noemen (aardolie is immers een organische substantie), al kan dat jaren duren. Dit geheel afgezien van de onmiddellijke schade aan flora en fauna en de economische schade voor de plaatselijke bevolking.

Afhankelijk van de soort, is olie in het algemeen snel afbreekbaar, deels door verdamping, deels door bacteriële werking. Hoe lichter de olie, hoe sneller afbreekbaar ze is. Dat geldt niet voor zware stookolie, een teerachtige substantie die niet afbreekbaar is omdat men hier nauwelijks van een vloeistof kan spreken. Zware stookolie moet dan ook eerst worden voorverwarmd alvorens het vloeibaar wordt en kan worden overgepompt, c.q. tot brandstof kan dienen.

Het zou echter nog tot 1990 duren voor men tot wetgevende maatregelen tegen dergelijke ongelukken zou overgaan. Niet door de IMO, een instantie die voor het merendeel bestaat uit vertegenwoordigers van landen met vaak tegenstrijdige belangen, waaronder veel goedkopevlaggenstaten, maar door de Amerikaanse regering. Dit als rechtstreeks gevolg van het aan de grond lopen van de Amerikaanse tanker "Exxon Valdez" in de Prince William Sound in Alaska in maart 1989, waarbij grote schade aan natuur en economie werd toegebracht. De nieuwe wet schreef voor dat vanaf 1994 alle nieuw te bouwen tankers dubbelwandig moesten zijn, een maatregel die in 1992 door de IMO werd bekrachtigd, met een deadline voor de uitfasering van

Het interessante achterschip van de Stena Concordia met zijn enorme, hoge en slanke geronde schoorsteen. Zulke scheepsschoorstenen worden helaas niet meer gebouwd...

enkelwandige tankers na een levensduur van 25 jaar. Dit betekent dat vanaf het jaar 2010 het merendeel van de wereldtankervloot uit dubbelwandige tankers zal bestaan. Van de 446 VLCC's per januari 2003 waren er 299 enkelwandig en 147 dubbelwandig, terwijl op dat moment 40 van de 49 ULCC's ouder waren dan 25 jaar. Recentere ongelukken met oude en kleinere enkelwandige tankers als de "Braer" bij de Shetland-eilanden, de "Sea Empress" bij Milford Haven, de "Erika" in de Golf van Biscaje en vooral de "Prestige" voor de kust van La Coruña (Spanje), hebben geleid tot nog strengere maatregelen tegen enkelwandige tankers. Zoals het verbod ze nog langer in West-Europese havens toe te laten. Dit is echter economisch en operationeel onhaalbaar, aangezien het overgrote merendeel van de wereldtankervloot nog altijd uit enkelwandige schepen bestaat (nl. 5243 van de 7320 per december 2002).
De ramp met de Prestige was trouwens niet zo desastreus verlopen als op dit gebied onwetende politici beter hadden geluisterd naar maritieme deskundigen, onder wie de kapitein van het schip - Capt. Apostolos Mangouras - die zeer terecht maar tevergeefs verzocht de dichtstbijzijnde haven te mogen binnenlopen. De Prestige (ex Gladys, 81.564 dwt, 1976) was een goed onderhouden schip dat naar zijn zeggen hoog stond aangeschreven, maar door een monstergolf werd getroffen zodat een 40 meter lang stuk uit de stuurboord rompzijwand werd geslagen. Als enkelwandige tanker begon zij dan ook onmiddellijk een deel van haar lading van 77.000 ton zware stookolie te verliezen en zeewater in te nemen, waardoor zij mede door het aanhoudend slechte weer uiteindelijk doormidden brak en op 19 november 2002 onder de golven verdween. We zijn het mooie schip op 3 september 1999 in Europoort tegengekomen. Ze zag er toen minder goed uit dan bij haar ondergang en moet in die drie jaar dus een dokbeurt gehad hebben. Op 1 september 1999 heeft ze in Rotterdam nog een succesvolle port-state controle gehad.

Een en ander heeft ertoe geleid dat de oliemaatschappijen een beleid gingen voeren om hun tankers onherkenbaar te maken voor het publiek en de media, bevreesd als zij waren voor nog meer negatieve publiciteit in de toekomst. Bijvoorbeeld door hun supertankers af te stoten en te verkopen aan veelal Griekse of Noorse rederijen, dan wel door de namen van hun rederijen en schepen te veranderen, de logo's in de schoorstenen te verwijderen en de schepen en hun schoorstenen een andere kleur te geven. De laatste die daar omstreeks 2000 toe overging was Shell en een van de eersten was Esso, ongetwijfeld naar aanleiding van de "Exxon Valdez". Zo werd de naam van "Esso International Shipping (Bahamas) Co.Ltd." veranderd in "Petroleum Shipping Ltd." en werden de namen van de schepen van deze Engelse rederij veranderd van "Esso Mersey", "Esso Tyne" en "Esso Fife" in "Petro Mersey", "Petro Tyne" en "Petro Fife". Mobil Shipping & Transportation Co., Fairfax, USA, werd het nietszeggende International Marine Transport - IMT, etc. Tegenwoordig zijn beide rederijen werkmaatschappijen van de Exxon Mobil Corp. in Irving, USA. Waren de rompen en schoorstenen van Shell-supertankers aanvankelijk opvallend vermiljoenrood van kleur, met de gele schelp fier in de schoorsteen en op de romp, sinds omstreeks 2000 werden de rompen zwart en hebben de schoorstenen een anonieme bleekgele kleur gekregen met zwarte top. Alleen aan hun namen en de huisvlag zijn de (voormalige) Shell-tankers nog te herkennen. Niet door het publiek, maar door "kenners". Ze varen thans in bare-boat charter (de schepen zonder bemanning) voor STASC - Shell Transport and Supply Company. In 2004 werden de voormalige Shell-supertankers Macoma, Magdala, Megara, Murex en Myrina, alle zusterschepen, verkocht en herdoopt in Chelsea, Mayfair, Hampstead, Camden en Kensington. Rederijen doen sowieso "geheimzinnig" met hun schepen door ze bijvoorbeeld om de haverklap van naam te veranderen en elk schip onder te brengen in een apart besloten vennootschapje dat de (nieuwe) naam van het schip draagt, waardoor de concurrentie en anderen hun spoor bijster raken. Zelfs via de strikt vertrouwelijke publicaties van Lloyd's Register of Shipping in Londen is het moeilijk hun spoor te blijven volgen. Met name ook wanneer ze op de nominatie staan te worden gesloopt. Dikwijls krijgt een schip dan een "speciale" sloopnaam om herkenning te voorkomen...

Verscheidene uitgefaseerde oude supertankers doen nog ergens ter wereld dienst als drijvende olieopslagplaats (FSO - Floating Storage Offtake) of FPSO (Floating Production/Storage Offtake, een soort drijvende 'raffinaderij'). Zoals bijvoorbeeld de Stena Contender (als Nkossa I, 277.645 dwt, 1974, verkocht aan Elf Aquitaine) en haar zusterschepen Stena Concordia (als Petrobras 48, ex Universe Burmah, 269.296 dwt, 1973, verkocht aan Halliburton) en Stena Continent (als Petrobras 43, ex Arcadia, ex Universe Guardian, 268.873 dwt, 1975, beide voor de kust van Brazilië); de Shell-tanker Lanistes (als Soorena, 311.896 dwt, 1975, ten westen van het eiland Kharg in de Perzische Golf voor Shell Iran); de Berge Chief (als Jerash, ex Beaumont, 289.980 dwt, 1976, verkocht aan Jordanië, waarschijnlijk in de Golf van Aqaba); de Berge Hus (als Sendje Ceiba, ex Esso Africa, 274.473 dwt, 1975) en zusterschip Berge Charlotte (als Sendje Berge, ex Alsace, ex Esso Normandie, 274.333 dwt, 1974, voor de kust van Equatoriaal Guinee). Deze twee schepen zijn binnen het Noorse Bergesenconcern doorverkocht aan de offshore-tak Bergesen Offshore (Bahamas) AS. De meeste tankers worden bij Keppel in Singapore daartoe omgebouwd.

Door alle calamiteiten met (super)tankers is de inherente veiligheid bij ontwerp en bouw van deze schepen nog belangrijker geworden dan die altijd al geweest is. Het toverwoord schijnt thans te zijn:

De Berge Chief (Stavanger, 1976, 289.980 dwt) van Bergesen DY ASA, Oslo, uitgaand in ballast in auustus. 1998. Ze werd later de Jordaanse FSO (Floating Storage Offtake) Jerash. Gebouwd bij de Aker Stord Verft, Noorwegen.

Beide foto's:
De Noorse VLCC Berge Hus (Nassau, 1975, 270.140 dwt) bij vertrek van de MOT in juni 1999, geassisteerd door de Fairplay 22 en 24. Werd de FPSO Sendje Ceiba van Bergesen Offshore. Gebouwd bij de ALSTOM-werf in St. Nazaire, Frankrijk.

bouw alles dubbel. Naar dit principe zijn naar wordt gezegd de twee veiligste VLCC's ter wereld gebouwd - de "V-Max" tankers "Stena Vision" en "Stena Victory" van een reder in Bermuda en gecharterd door Concordia Maritime (Stena Bulk AB), die beide in 2001 in de vaart zijn gekomen en 312.679 ton dwt meten. Behalve over een dubbelwandige romp, beschikken deze schepen over twee onafhankelijke motoren (waarvan de reductietandwielkasten zijn gebouwd door De Schelde in Vlissingen) in aparte machinekamers, met gescheiden brandstoftoevoer uit gescheiden tanks (en dus ook twee schoorstenen, waarvan de linker dikker is dan de rechter), twee onafhankelijk werkende schroeven, twee onafhankelijk werkende roeren (waarvan de uitslag dus niet-parallel kan zijn) met een dubbel uitgevoerde stuurinrichting. Op smalle en drukke vaarwegen zitten op de brug twee roergangers naast elkaar volgens het piloot/co-piloot principe zoals dat in de luchtvaart gangbaar is. De beide roergangers, of liever "navigators" wisselen hun informatie en besluitvorming voortdurend met elkaar uit om elke misrekening tegen te gaan. Dit wordt als zeer belangrijk gezien, daar menselijke fouten de oorzaak zijn van eenderde van alle ongelukken met tankers. Door de dubbele aandrijving en besturing zijn beide schepen veel wendbaarder dan conventionele Suezmax-tankers die de helft kleiner zijn. Gebouwd door Hyundai Heavy Industries in Korea, zijn de V-Max tankers speciaal ontworpen voor de vaart op de ondiepe en drukbevaren Delaware-rivier naar de Sun Oil raffinaderij in de haven van Philadelphia. Hun maximale diepgang van 19 meter is dan ook geringer dan die van een conventionele mammoettanker (22 m). Om toch een lading van 310.000 ton te kunnen vervoeren, heeft de romp een breedte van niet minder dan 70 meter bij een lengte van 333 meter. De schepen varen in een langjarig contract voor Sun Oil. Van eenzelfde dubbele constructie zijn de Finse Tempera en Mastera (106.034 dwt), in 2002 in Japan gebouwd. Het zijn zowel tankers als ijsbrekers of DAT's (Double Acting Tankers) die achterwaarts varend zich een weg banen in 1,5 meter dik pakijs en daartoe zijn voorzien van twee azimut-propellers bij een machinevermogen van ruim 31.000 pk. Het opmerkelijke is dat ook bij de eerste van alle VLCC's, de eerder genoemde Universe Ireland uit 1968 en haar vijf zusters, de voortstuwing geheel dubbel was uitgevoerd met twee stel stoomturbines, twee schoorstenen, twee schroeven, twee stuurinrichtingen en twee roeren.

De Maasvlakte Olie Terminal

Op 3 november 1972 werd de Maasvlakte Olie Terminal (MOT) opgericht door zes participerende oliemaatschappijen en tankopslagbedrijven - de huidige Shell, ExxonMobil, ChevronTexaco, BP, Total en Vopak (Paktank). In 1981 trad ook Kuwait Petroleum toe, terwijl Chevron in 1990 weer afhaakte om met BP en Texaco onder de naam Nerefco Europoort een stilliggende raffinaderij en terminal aan de tegenoverliggende 6e Petroleumhaven weer op te starten en te gaan exploiteren.

De infrastructuur van de MOT werd aangelegd op het noordelijkste deel van de Maasvlakte aan de 8e Petroleumhaven. Zoals de Betuwelijn op de Maasvlakte begint en eindigt, is dat ook het geval met de aan- en doorvoer van olie bij de MOT. Hier begint dan ook Mainport Rotterdam. De Terminal beschikt over 36 opslagtanks, de grootste in Europoort, met een capaciteit van in totaal 4,2 miljoen m^3 (zo'n 105.000 ton per tank) en twee aanlegsteigers en is daarmee een van de grootste olieterminals ter wereld waar jaarlijks een 240 tankers worden gelost. Oorspronkelijk zouden er zelfs 108 opslagtanks komen met 8 steigers, maar door de oliecrises van de jaren '70 en de verslechterende economische omstandigheden zijn deze ambitieuze plannen nooit gerealiseerd. Het aantal losarmen van de bestaande twee steigers is halverwege de jaren '90 nog gereduceerd van 10 (6 grote en 4 kleinere) naar 4 grote voor steiger 1 en van 6 naar 4 grote voor steiger 2. De infrastructuur omvat ook een uitgebreid stelsel van ondergrondse pijpleidingen naar de productielocaties van de aandeelhouders langs het Calandkanaal, de Botlek en Pernis. Voor Total is er zelfs een 140 km lange pijpleiding aangelegd naar haar raffinaderij in Vlissingen.

Op 26 juli 1974 was men zover (er zijn dan nog slechts 6 tanks gereed) dat de eerste mammoettanker kon aanleggen, de "Grand Alliance". Het grootste schip dat ooit de MOT heeft bezocht was in oktober 1977 de eerder genoemde Shell-tanker "Batillus" van 550.000 ton.

De exploitatie van de MOT bleek een doorslaand succes, daar de overslag van ruwe olie alsmaar toenam, met een dip in de jaren '80 vanwege de 1e Golfoorlog tussen Irak en Iran. In 1979 bereikte de overslag een 30 miljoen ton, terwijl die in 2001 zo'n 37 miljoen ton bedroeg. Daarmee neemt de MOT ruim eenderde van de totale olieaanvoer in Rotterdam voor haar rekening, ofwel circa 10% van de totale goederenoverslag. Toch zou de aanvoer bij de MOT nog veel groter kunnen zijn, aangezien de opslagtanks voor nooit meer dan 60% zijn gevuld (alleen na de oliecrises van de jaren '70 waren ze tot de nok toe gevuld), terwijl er lege tanks beschikbaar moeten blijven om te worden gevuld. Vanuit de lucht is te zien hoe vol de opslagtanks zijn. De tanks hebben geen vast dak, maar een bijna luchtdicht "zwevend deksel" dat op de olie drijft. Zo wordt voorkomen dat zich boven de olie een explosief gasmengsel kan vormen.

De Terminal is van enorm economisch en strategisch belang. Niet alleen omdat zij het belangrijkste aanlandingspunt is van waaruit het achterland gevoed wordt - Nederland, België, Duitsland en Zwitserland - maar ook omdat hier een groot deel van de strategische oliereserve van Nederland is opgeslagen. Door de toenemende aanvoer van Russische olie, die uit de Noordzee en ook van New Foundland's 'roaring forties', zijn we weliswaar wat minder afhankelijk geworden van Arabische olie, het kan de vraag niet dekken; de grootste "slok" komt nog altijd uit de Golf-regio. Dat de MOT niet al haar capaciteit gebruikt, is waar te nemen aan het feit dat haar twee steigers dikwijls een halve week lang onbezet zijn en dat er meestal maar één tanker tegelijk ligt. Dit in tegenstelling tot die van Vopak in de 7e Petroleumhaven, waar vrijwel altijd tankers liggen te lossen (en in toenemende mate ook te laden), al zijn die meestal veel kleiner dan bij de MOT. Wat één supertanker komt brengen, daar kan heel Nederland een week lang op rijden. Maar door de steeds toenemende files gaat een aanzienlijk deel daarvan nutteloos verloren.

Op het gebied van veiligheid en milieu staat de MOT hoog aangeschreven. In de 8e Petroleumhaven ligt een 750 meter lang permanent oliescherm of "oilboom" om eventuele (kleine) morsingen tijdens het lossen van de tankers in te dammen. Aan de ingang van de haven staat op de wal een container van waaruit een tweede oliescherm met behulp van een werkboot van de Port Authority in een mum van tijd in het water kan worden getrokken. Dat gebeurt in het kader van de zogenoemde Schermenpool, een initiatief van Deltalinqs, een samenwerkingsverband tussen bedrijven in de Botlek, Europoort en het Havenbedrijf. De bij de MOT afgemeerde tankers liggen om veiligheidsredenen altijd met de boeg "naar buiten" (in vroeger tijden ook met de boeg "naar binnen"), zodat ze bij een eventuele calamiteit zo snel mogelijk kunnen worden verhaald. Dit betekent dat een tanker, met twee loodsen aan boord en vier sleepboten vastgemaakt, vanuit het Beer-kanaal een zwaai moet maken en achterwaarts de 8e Petroleum-haven in wordt gemanoeuvreerd. Dit gebeurt uiterst langzaam en met de grootst mogelijke omzichtigheid; een operatie die inclusief het eigenlijke afmeren en vastmaken wel twee uur kan duren. Daartoe beschikt men over twee "laser-docking" systemen (van Radio Holland Marine) die de hele operatie controleren en op beeldschermen weergeven. Daarbij wordt de afstand, naderingshoek en naderingssnelheid van het schip ten opzichte van de aanlegsteiger gemeten en door de loods afgelezen. Dat deze apparatuur noodzakelijk is, bleek in augustus 2002 toen de "Front Sabang" met een te hoge aanlandingssnelheid onder een hoek van 10 graden de steiger naderde. Met als gevolg dat de steiger werd beschadigd en voor een half jaar beperkt inzet-

Beide foto's:
De Griekse supertanker Hellespont Paradise (Piraeus, 1975, 315.697 dwt) van de Hellespont Steamship Corp., Piraeus, lossend aan steiger 2 van de MOT in september 1998. Op de schoorsteen de Griekse letters fi, bèta en pi. Hellespont is de klassieke naam voor de Dardanellen. Was Green Award gecertificeerd. Gebouwd bij de Odense Steel Shipyard, Denemarken. @ Xinhui, China, 2003.

In 2002/3 werden de oude supertankers van Hellespont Steamship vervangen door vier dubbelwandige Ultra Large Crude Carriers van meer dan 440.000 ton dwt als de Hellespont Tara, na verkoop aan Euronav SA, Luxemburg, TI Europe genaamd, voor anker in het Calandkanaal kort na de naamsverandering in juli 2004.
De schepen hebben een lengte van 380 m, zijn 68 m breed met een diepgang van 24,5 m en staan in Antwerpen geregistreerd. Gebouwd bij Daewoo Shipbuilding, Zuid-Korea.

baar was. Sindsdien wordt evenwijdig aan de steiger genaderd. Zodra een tanker is afgemeerd volgt eerst een inspectie van het scheepsdek; worden trossen, winches, afsluiters e.d. gecontroleerd. Pas wanneer alles in orde bevonden is, worden de scheepspapieren afgehandeld en eventuele mankementen bij de kapitein aangemeld. Een soort eigen "port-state controle" dus. Zijn de tekortkomingen ernstig, dan wordt een volgende toegang tot de MOT het schip ontzegd en komt het op een zwarte lijst. In het verleden is dat, vooral bij oudere schepen, meerdere malen gebeurd. Eerst na deze inspectie kan het lossen beginnen en worden middels afstandsbediening de losarmen van de walinstallatie aangekoppeld aan de manifold van het schip. Voor elk nieuw schip wordt een "ideaal afmeerplan" ontworpen dat geheel is toegespitst op het dekplan, zoals aantal en locatie van winches en trossen, en op een tekening in kaart gebracht. Kopieën daarvan worden aan loodsen en roeiers ter beschikking gesteld. Dit alles ter optimalisering van de veiligheid. Het gaat immers om mammoetschepen met een enorme hoeveelheid niet ongevaarlijke lading aan boord.

De komst van een tanker wordt door de betreffende oliemaatschappij indien mogelijk al meer dan een maand van tevoren bij de MOT aangemeld. Naarmate die datum dichterbij komt, kan men dan steeds nauwkeuriger gaan plannen. Enkele dagen tevoren is ook de precieze aankomsttijd bekend, hoewel wijzigingen tot op het laatste moment mogelijk zijn. Mist een tanker bijvoorbeeld het tij, dan moet het verwachte aankomsttijdstip 12 uur worden uitgesteld tot het volgende tij. Ten minste eenmaal per week geeft de MOT een zogeheten Tanker Arrivals Schedule uit, waarop de laatste gegevens zijn bijgewerkt, zoals datum en uur van aankomst, de namen van de schepen indien al bekend, de hoeveelheid lading in kubieke meters, de diverse "grades" en de namen van de gebruikers. Van alle aangevoerde olie wordt tijdens het lossen het soortelijk gewicht bepaald, evenals het percentage water dat de olie bevat. Dit heet "bemonstering", een proces dat volautomatisch verloopt.

Het imposante achterschip van de TI Europe met uniek gevormd, 8 verdiepingen hoog dekhuis. Het Hellespont-logo op de schoorsteen is zojuist overgeschilderd.

Bepaling van het waterpercentage is belangrijk omdat dit het raffinageproces kan verstoren. Sinds 2002 kan bij de MOT ook zogenoemd "boord-boord overslag" van olie plaatsvinden. Daarbij wordt de lading van langszij komende kleinere tankers direct overgepompt in een supertanker zoals dat in toenemende mate gebeurt bij de terminals van Vopak. Deze lading bestaat uit Russische stookolie die naar Singapore en Maleisië wordt verscheept en daar op de markt gebracht. Vol beladen VLCC's en Suezmaxen vertrekken dan uit Europoort naar zee en dat is vrij uniek, daar Rotterdam een invoerhaven voor olie is, geen uitvoerhaven. Zoals in oktober 2001 de Front Rider (169.146 dwt, 1992) en in maart 2002 de Front Spirit (147.273 dwt, 1993), beide van de Noorse Frontline; eind oktober 2002 de Sylt (293.297 dwt, 1993) van World-Wide Shipping in Singapore; op 3 september van dat jaar de Amerikaanse Eagle (306.517 dwt, 1993) van IMT (Exxon Mobil; dit schip werd alleen vanuit opslagtanks op de wal geladen); in april 2004 de Front Page (298.300 dwt, 2002), eerst bij Vopak en vervolgens, na te zijn verhaald, bij de MOT; in juli 2004 de Front Century (311.180 dwt, 1998), evenals de eerder genoemde ULCC TI Europe en in mei 2005 de Iraanse Suezmax Iran Saveh (159.758 dwt, 2000), om slechts enkele voorbeelden te noemen. Als onderdeel van Koninklijke Vopak (Van Ommeren Pakhoed, mede-aandeelhouder van de MOT), is Vopak Agencies betrokken bij het overgrote deel van alle olie die bij de MOT wordt overgeslagen. Als scheepsagent coördineert het alles wat met de komst en afhandeling van een tanker te maken heeft. Zoals het bestellen van sleepboten, loodsen en roeiers. En ook verzorgt het de proviandering van het schip, regelt het bunkerbrandstof, een nieuwe bemanning, eventuele medische zorg en reparaties.

En wat het milieubewuste beleid van de MOT betreft: Op het terrein staan zelfs bijenkasten met 15 bijenvolken die door een imkervereniging worden beheerd. De bijen halen de honing uitsluitend uit de op de Maasvlakte aanwezige flora, daar door de afgelegen locatie de dichtstbijzijnde andere groengebieden voor de bijen te ver af liggen. Elk volk omvat een 70 à 80.000 bijen en dat levert per jaar zo'n 100 kg aan speciale "MOT-honing" op!

Beide foto's:
De Stena Contender (ex Universe Ranger, Monrovia, 1974, 273.268 dwt) van Stena Line AB, Gothenburg, op uitreis in ballast in augustus 1994 met als passant de Delfshaven, het opleidingsschip van het Loodswezen. Gebouwd bij Ishikawajima Harima, Japan. In 1995 verbouwd tot FPSO 'Nkossa 1' voor Elf Aquitaine.

De Shell-tanker Lampas (Douglas, 1975, 317.996 dwt) begint aan haar uitreis van de MOT in augustus 1998, drie maanden voor haar laatste reis naar de sloper. Gebouwd bij Harland & Wolff Ltd., Belfast. @ Chittagong, Bangladesh, 2-12-1998.

De "Green Award"

Om de veiligheid en milieubewustheid aan boord van vooral tankers te bevorderen is in 1994 in Rotterdam de Stichting Green Award opgericht, thans bekend als "Bureau Green Award". Hoewel oorspronkelijk een initiatief van het Havenbedrijf en het ministerie van Verkeer en Waterstaat, is de stichting een zelfstandige non-profit organisatie waarin ook buitenlandse bestuursleden zitten (Board of Experts). De stichting wordt financieel ondersteund door de deelnemende rederijen en gesponsord door maritieme organisaties als het Loodswezen. Het doel van de stichting is het stimuleren van een milieubewuster en veiliger beleid van reders en scheepsbemanningen. Veel bemanningen hebben tegenwoordig immers geen binding meer met schip en rederij omdat het schip daarvoor te vaak van bemanning wisselt.

Een modern schip dat technisch perfect in orde is, maar waarmee de bemanning geen binding heeft, kan minder veilig zijn dan een goed onderhouden 25 jaar oude tanker met een vaste bemanning die hart heeft voor het schip en zijn eigenschappen en gedragingen kent. Het gaat de stichting dan ook niet alleen om de technische staat van een schip, maar ook om het management en de vakkennis van de bemanning, dingen die door maritieme experts (surveyors) worden gescreend. Het zijn veelal ex-scheepskapiteins die een aanvullende opleiding hebben genoten aan het gerenommeerde Nautical Institute in Londen. Zij bezoeken de reders, ten kantore waarvan de geschiedenis van het schip en het opleidingsniveau van de bemanning worden doorgelicht. Daarbij baseert men zich op een standaardpakket van eisen waaraan schip en bemanning moeten voldoen, "Seacure for Operations" genoemd, dat verder gaat dan de eisen van de internationale regelgeving van de ISM (International Safety Management) Code van de Internationale Maritieme Organisatie (IMO). Voldoen schip en bemanning daaraan, dan krijgt het een voorlopige "toegangsticket" die later kan overgaan in een officiële Green Award-certificatie. Het schip mag dan de officiële Green Award-vlag voeren, een groene vlag met daarin een gestyleerde kop en drietand van de zeegod Poseidon, en krijgt de reder in alle Green Award ondersteunende havens korting op dienstverlening als beloodsing, sleepboot- en roeiersassistentie, havenliggeld etc. Zo geven de havens van Rotterdam, Dordrecht, Moerdijk, Vlissingen en Terneuzen een korting van 6% op hun havengeldtarieven.

Buitenlandse havens die kortingen verlenen zijn Hamburg, Klaipeda (Litouwen), Sullom Voe (Shetland-eilanden), Leixoes en Sines in Portugal en alle Spaanse en Zuid-Afrikaanse havens. Havens in Australië, Canada, Japan en ook Hong Kong zijn eveneens benaderd. En ook heeft men eenzelfde eisenpakket opgesteld voor bulkcarriers. De Green Award is dus een combinatie van financieel voordeel en ideële motieven. Waren in 1998 nog 85 grote tankers gecertificeerd, begin 2003 waren dat er al 160, ofwel 10% van de wereldolietankervloot. Thans wordt meer dan 50% van alle de EU binnenkomende olie door Green Award-tankers aangvoerd. Daarbij zijn niet alleen maar relatief jonge schepen als de Berge

Zomeravondschemering in de Maasmond met de Griekse tanker Zante (Piraeus, 1975, 262.217 dwt) van Aeolos Management SA, Piraeus, begeleid door Kotug's tractor tugs Svezia aan de boeg en Danimarca aan het achterschip, september 1998. Gebouwd bij Ishikawajima Harima, Japan. @ Chittagong, Bangladesh, 2002.

De Griekse tanker Ethnic (Piraeus, 1975, 279.027 dwt) van Nereus Shipping AS, Piraeus, aan MOT's steiger 1 in september 1998. Gebouwd bij Ishikawajima Harima Heavy Industries, Japan, @ Gadani Beach, Pakistan, 2-3-2000.

Het Green Award logo als gevoerd door tankers die door de Stichting Green Award zijn gecertificeerd - De zeegod Poseidon met de Drietand. (Copyright Bureau Green Award).

Het 54,5 meter brede scheepsdek van de Ethnic met pijpleidingen, afsluiters, brandspuiten, sloptanks, winches en bolders.

Stadt, British Hawk, Tropic Brilliance, Al-Shegaya, Front Opalia en Front Oscilla, evenals veel Noorse shuttletankers, maar waren dat ook reeds gesloopte of uitgefaseerde oude mammoetschepen als de Stena Constellation, Hellespont Capitol, -Embassy, -Grand, -Orpheum, -Paradise en -Paramount. Bureau Green Award wordt genoemd in elke wekelijkse uitgave van Lloyd's Shipping Index bij tankers die het certificaat hebben ontvangen of waarvan het certificaat is vernieuwd. Hoewel voor de certificering moet worden betaald, al was het alleen maar vanwege het feit dat alle schepen jaarlijks worden geïnspecteerd, kunnen afhankelijk van de grootte van een schip de kosten al na twee reizen worden terugverdiend.
Dat werk en doelstelling van Bureau Green Award internationaal worden gewaardeerd, bleek op 29 mei 2001, toen het in Oslo de jaarlijkse Thor Heyerdahl International Maritime Environmental Award kreeg uitgereikt uit handen van de 86-jarige (inmiddels overleden) beroemde zeevaarder en ontdekkingsreiziger zelf, in aanwezigheid van onder meer prins Philip van Engeland. De prijs bestond uit een diploma, een bedrag van 100.000 dollar en een grote plaquette met een afbeelding van een vaartuig van balsahout of papyrusriet als de "Kon-Tiki" en "Ra" waarmee Heyerdahl zijn tochten maakte.

Zicht op het achterschip van de Ethnic.

De Kuweitse supertanker Kazimah (Kuwait, 1982, 299.458 dwt) van de Kuwait Oil Tanker Co. bij aankomst in de Maasmond in augustus 1998. Sinds 16 augustus 2003 Green Award gecertificeerd. Gebouwd bij Ishikawajima Harima Heavy Industries, Japan.

Volgende pagina, boven:
De Zweedse supertanker Vanadis (Singapore, 1990, 285.872 dwt) van ICB Shipping AB, Stockholm, aan steiger 1 van de MOT in april 1999.

Volgende pagina, midden:
Nog geen maand later komt de Vanadis alweer een nieuwe lading olie brengen voor de MOT. Ze wordt opgewacht door de Dordtsebank en Texelbank.

Volgende pagina, onder:
Hetzelfde schip, nu als Front Vanadis (Singapore), lossend bij de MET-terminal in september 2003. Wordt beheerd door Wallem Ship Management Ltd., Hong Kong, met als eigenaar Frontline. Gebouwd bij Daewoo Shipbuilding, Zuid-Korea.

Het zusterschip Al Funtas (Kuwait, 1983, 290.085 dwt) in het Calandkanaal na vertrek van de Q8-terminal in oktober 1999. Green Award gecertificeerd. Gebouwd bij Ishikawajima Harima.

ICB
VANADIS
SINGAPORE

NO SMOKING
VANADIS

FRONT VANADIS

Twee opnames van de losinstallatie op steiger 1 van de MOT zoals aangekoppeld aan de manifolds van de tanker Ethnic en de Golar Dundee (Monrovia, 1993, 302.432 dwt) van Osprey Maritime (Europe) Ltd., Londen. Bij de Ethnic zijn vier losarmen aangekoppeld, bij de Golar Dundee drie omdat moderne tankers voor laden en lossen meestal slechts drie aansluitingspunten aan de manifold hebben.

Dezelfde installatie als op de vorige pagina met langszij de Noorse supertanker New Vision (Port aux Français, 1994, 279.864 dwt) van Viken Shipping AS, Bergen, in mei 2005.

Close-up van de boeg van de Golar Dundee. Haar ankerkluis is van het 'open glijbaan met sokkel' type waar het anker op rust. Gebouwd bij Daewoo Shipbuilding, Okpo, Korea. Op de achtergrond de Griekse tanker Zante.

Beginnend aan haar uitreis in ballast wordt de Golar Dundee in de bocht van het Beerkanaal naar de Maasmond uitgeleide gedaan door de Thamesbank.

Beide foto's:
De supertanker Berge Stadt (Stavanger, 1994, 306.951 dwt) van The Green Tankers (Bergesen) wordt bij windkracht 7 in juli 1998 geëscorteerd door Kotug's ZP Montelena en ZP Chandon. Green Award gecertificeerd. Gebouwd bij Sumitomo Shipbuilding, Yokosuka, Japan.

Linksonder (vorige pagina) en rechts: Binnenkomst van de supertanker Front Crown (Nassau, 1999, 311.168 dwt) van Seatankers Management Co.Ltd., Limassol, in oktober 2000 onder een inktzwarte lucht bij onstuimig weer, terwijl de Smit Loire positie zal innemen aan het achterschip. Gebouwd bij Hyundai Heavy Industries., Korea.

Ook de Smit Missouri is op weg naar het achterschip van de Front Crown.

Een liergast van de Front Crown is bezig de drijflijn in te nemen van de Smit Clyde, die door de loods de stuurboord boegpositie is toegewezen.

De Front Crown wordt achterwaarts de 8e Petroleumhaven in gemanoeuvreerd om aan MOT's steiger 2 te worden afgemeerd. Aan de bakboord boegpositie de Dordtsebank.

Een van de zusterschepen van de Front Crown is de Front Chief (Nassau, 1999, 311.224 dwt), liggend aan steiger 2 van de MOT in september 2000. Werd beheerd door dezelfde manager, maar beide schepen zijn eigendom van Frontline. Gebouwd bij Hyundai.

De Deense supertanker Maersk Estelle (Singapore, 1993, 299.700 dwt) van A.P. Möller (Maersk), Kopenhagen, in de Maasmond in oktober 1998, met assistentie van Kotug's ZP Montelena, Svezia, ZP Chandon en Danimarca. Gebouwd bij de Odense Steel Shipyard, Denemarken.

Een zusterschip van de Maersk Estelle is de Saoedische Suhail Star (Monrovia, 1994, 301.862 dwt) van Vela International Marine Ltd., Dhahran, liggend aan de TEAM-terminal in de 5e Petroleumhaven in oktober 1999. Eveneens gebouwd bij de Odense Steel Shipyard.

Aankomst van de supertanker Argo Daphne (Singapore, 1992, 285.933 dwt) van Barber Ship Management (UAE) Ltd., Dubai, opgewacht door de Dordtsebank in mei 1998. Gebouwd bij Daewoo Shipbuilding, Korea. Achter de Argo Daphne de baggerzuiger W.D.Gateway (Papendrecht).

De drijflijn van de Dordtsebank wordt door de liergast van de Argo Daphne binnen gehaald. Rechts de Smit China.

De Zweedse supertanker Argo Thetis (Singapore, 1992, 285.000 dwt) van N &T Argonaut (NTA) AB, Stockholm, wordt in april 2000 aan de boeg begeleid door Smit's Balau en Texelbank. Een dekhand van de Argo Thetis brengt alvast de hieuwlijn met 'keesje' voor de Texelbank uit. Gebouwd bij Daewoo Shipbuilding. Zusterschip van de Argo Daphne en Front Vanadis.

De Argo Thetis in het Beerkanaal met de Smit Japan en Smit Missouri aan het achterschip hard aan het trekken voor de zwaai naar de MOT-terminal. Ze worden gepasseerd door de loodstender Gemini.

De Argo Thetis wordt achterwaarts naar de MOT-terminal gemanoeuvreerd.

De volbeladen Shell-tanker Myrina (Douglas, 1995, 298.405 dwt) nadert, nog in de oorspronkelijke helderrode Shell-kleur, de Maasmond in juni 1999. Gebouwd bij Daewoo Shipbuilding, Okpo, Korea.

Terwijl de Smit Japan op weg is naar het achterschip van de Myrina, hangt over de verschansing van de bak de werplijn al gereed voor de liergast van de Thamesbank.

Boven en midden:
De Myrina wordt aan de boeg geëscorteerd door de Smit Frankrijk en Thamesbank.

De loodstender Mercury passeert de Myrina, met passieve escorte van de Smit Japan.

De Zweedse Argo Thetis bij de MOT in april 2000 met op de achtergrond Shell's Macoma, zuster van de Myrina.

Midden:
De Macoma (Douglas, 1995, 298.306 dwt) nog in de rode kleur en witte onderwaterromp, maar al met de anonieme, bleekgele schoorsteen met zwarte top. Het Shell-logo is verdwenen. Gebouwd bij Daewoo.

De Macoma in de Maasmond een jaar later, augustus 2001, nu in anonieme zwarte uitmonstering met bleekgele schoorsteen, als opgewacht door de Smit Loire en Texelbank.

Een verschijnsel dat men bij zeer grote, brede en diepstekende schepen kan waarnemen wanneer in de Maasmond de wind uit het Oosten waait - als bij een waterorgel spuiten plotseling metershoge fonteinen omhoog, mede veroorzaakt door stroming, de onderwater bulbsteven van de Macoma en de relatieve ondiepte van de vaargeul.

De Macoma wordt met assistentie van de Fairplay 24 afgemeerd bij de MOT.

Zusterschip Megara (Douglas, 1996, 298.306 dwt), haar lading lossend aan de MET-terminal in augustus 2003.

De Megara bij vertrek van de MET-terminal met de Thamesbank aan de boeg.

Midden:
De Megara wordt in het Calandkanaal uitgeleide gedaan door de Smit Loire en Thamesbank. Het schip torent boven alles uit. Nog twee zusterschepen waren de Magdala en Murex, ook bij Daewoo gebouwd. Alle vijf houden het Green Award-certificaat.

Kooren's tractor tugs ZP Chandon en Danimarca escorteren de Noorse supertanker Berge Sigval (Stavanger, 1993, 306.430 dwt) van 'The Green Tankers' (Bergesen) in de late avondzon in augustus 1998.

De Tumak (links) en Svezia begeleiden aan de boeg van de Berge Sigval. Vaart thans als 'Savoie' voor Euronav, Luxemburg. Gebouwd bij de NKK Corporation, Japan.

Close-up van het Vela-embleem in de schoorsteen van de Hydra Star.

Aankomst in de Maasmond van de Saoedische supertanker Hydra Star (Monrovia, 1994, 305.846 dwt) van Vela International Marine Ltd., Dhahran, in april 2000, opgewacht door de Smit Mississippi. De Hydra Star is een zusterschip van de Berge Sigval, eveneens gebouwd bij de NKK Corporation.

Links en onder:
De Hydra Star op weg naar de Esso/TEAM-terminal, begeleid door onder meer de Smit Japan en Smit China. Een loodsjol ligt langszij om een van beide loodsen op te halen.

Onderste foto:
Liggend aan de TEAM-terminal wordt de Hydra Star door de bunkertankers Vulcan en Synergos van een nieuwe voorraad stookolie voorzien. Links de schoorstenen van de Q8-raffinaderij.

De Front Comanche (Monrovia, 1999, 300.133 dwt) is de vroegere Stena Comanche van Stena Line AB, Gothenburg, hier aan steiger 2 van de Maasvlakte Olie Terminal in augustus 2001. Op 18 januari 2007 werd de steiger grotendeels vernield door het Duitse containerschip CMA CGM Claudel, dat door de zware storm van die dag in de Europahaven van de trossen was geslagen en de steiger ramde. Daardoor kwam ook 800 m³ olie uit de pijpleidingen van de steiger in het water terecht. Totale schade 200 miljoen euro.

Midden en onder:
De Front Comanche gezien vanaf de landtong Papegaaienbek. Het Stena-embleem prijkt nog op de boeg. Gebouwd bij Hitachi Zosen, Japan.

De Front Comanche in de Maasmond op weg naar de MOT in maart 2002. Ze is inmiddels omgevlagd naar de Kerguelen (Port aux Français), een antarctische eilandengroep van Frankrijk in de Indische Oceaan (een desolaat oord waar alleen pinguins wonen!). Ze is eigendom van Frontline, maar wordt beheerd door Golden Ocean Management Ltd., Hamilton, Bermuda. Hoewel haar diepgang meer dan 21 meter bedraagt, komt ze binnen bij laagtij, wat iets zegt over de diepte van de Maasgeul.

Close-up van de schoorsteen met het Frontline-embleem.

Close-up van de boeg van de Front Comanche, begeleid door de Smit Japan en Smit Humber.

Close-up van het achterschip van de Front Comanche met de Texelbank.

De splinternieuwe supertanker Pacific Lagoon (Panama, 1999, 305.839 dwt) van Euronav SA, Luxemburg, op uitreis van de MOT in oktober 1999 tijdens de avondschemering. Gebouwd bij Mitsubishi Heavy Industries, Japan.

Close-up van de boeg van de Pacific Lagoon met links het booreiland Rowan Halifax.

Een zeldzame verschijning in Europoort is een supertanker van een Japanse rederij als hier de Stena Comfort (ex Wisteria, thans Pacific Courage, Monrovia, 1992, 269.101 dwt) van Iino Kaiun Kaisha Ltd., Tokio, liggend aan steiger 1 van de MOT in mei 1998. Gebouwd bij Kawasaki Heavy Industries, Japan.

Close-up van de schoorsteen met embleem.

De gestreepte, vlekkerige onderwaterromp is het gevolg van het schoonspuiten onder hoge druk met glaspoeder of waterstralen in het droogdok en die plaatsen vervolgens over te schilderen.

De VLCC Picardie (Port aux Français, 1999, 299.167 dwt) van Euronav SA Luxembourg, aan MOT-terminal 1 in maart 2002. Zusterschip van de door een terroristische aanslag voor de kust van Jemen getroffen 'Limburg'. Beide gebouwd bij Daewoo.

Close-up van het dekhuis met het Euronav-embleem in de schoorsteen.

De Picardie begint aan haar uitreis in ballast van de MOT, maart 2002.

Close-up van zusterschip Algarve (Port aux Français, 1999, 298.969 dwt) tijdens afmeren aan steiger 2 van de MOT in mei 2003, geassisteerd door de Smit Humber. Van dezelfde rederij als de Picardie. Gebouwd bij Daewoo.

Midden:
Een bunkertanker ligt langszij de Algarve met een lading stookolie voor de volgende reis.

Onder:
Nog een supertanker van Euronav is de Luxembourg (Port aux Français, 1999, 298.997 dwt), hier tijdens het afmeren aan de MET-terminal op een zomeravond in september 2003. Zusterschip van de Algarve en Picardie. Gebouwd bij Daewoo.

Tegenlichtopname van de Luxembourg een dag later.

Midden:
De Luxembourg in het Calandkanaal aan het begin van haar uitreis op de vroege ochtend van de volgende dag. Het lossen van een supertanker van rond de 300.000 ton dwt neemt niet veel meer dan anderhalf etmaal in beslag.

De Saoedische supertanker Venus Glory (Monrovia, 2000, 299.089 dwt) van Vela International Marine Ltd., Dubai, afgemeerd aan de MOT-terminal in 2003. Waarschijnlijk vanwege het gevaar van terroristische aanslagen in Saoedi Arabië, is het hoofdkantoor van Vela verhuisd van Dhahran naar Dubai en is het Vela-logo van de scheepsschoorstenen verdwenen. Gebouwd bij Daewoo.

Drukte in de Maasmond bij boei 'Maas 5' in april 2000 met de Saoedische supertanker Shaula Star (Monrovia, 1994, 301.591 dwt) van Vela International Marine, begeleid door de Smit Clyde en Smit Japan, met op de achtergrond de kruiplijncoaster Linda Buck en loodstender Apollo.

Onder:
De Shaula Star onderweg naar de Esso/ TEAM-terminal in april 2000.

Afmeren van de Shaula Star bij Esso in de 5e Petroleumhaven, met rechts een jol van de roeiers die de meertrossen behandelen. Het schip is 58 meter breed. Gebouwd bij Hyundai, Ulsan, Korea.

Midden en onder:
Het zusterschip Markab Star (Monrovia, 1994, 301.227 dwt) liggend aan dezelfde terminal tijdens zonsondergang een jaar later. Eveneens door Hyundai Heavy Industries gebouwd.

Het voorschip van de in maart 2002 binnenkomende Kuweitse supertanker Al-Shegaya (Kuwait, 1998, 310.513 dwt) van de Kuwait Oil Tanker Co., is via de drijflijn al met de Smit Humber verbonden.

Via de strak staande rekker oefent de Smit Humber weerstand uit op de snelheid van de Al-Shegaya, terwijl de Smit Japan zich aan de bakboord boegpositie bevindt.

De Al-Shegaya passeert de Zweedse papiercarrier Obbola (Helsingborg).

De Al-Shegaya met vier slepers vastgemaakt in de Maasmond op weg naar de Maasvlakte Olie Terminal.

De Al-Shegaya maakt vanuit het Beerkanaal achterwaarts de zwaai naar de MOT.

De Al-Shegaya lossend aan steiger 1 van de MOT, maart 2002. Gebouwd door Hyundai. Green Award gecertificeerd.

Close-up van de losinstallatie en het achterschip van de Al-Shegaya met het 7 verdiepingen hoge dekhuis.

Volgende pagina, rechtsboven:
De vreemd ogende boeg van de Shell-supertanker Opalia (Douglas, 1999, 302.193 dwt, thans Front Opalia) met zijn ankers aan 'steeltjes', of wat we maar noemen 'puil-ankers', teneinde die vrij te doen vallen van de sterk 'opgeblazen' bulbsteven. Langszij is de Smit Humber, april 2002.

De Al-Shegaya aan steiger 1 van de MOT, gezien vanaf de noordelijke duinenrij van de Maasvlakte.

Onder:
De Opalia wordt achterwaarts de 8e Petroleumhaven in getrokken en laat even zien waar een schoorsteen voor dient.

Onderste foto:
Het statige achterschip van de Opalia tijdens het afmeren bij de MOT in april 2002. De beide loodsen staan op het uiteinde van de brugvleugel. Evenals zusterschip Front Oscilla gebouwd bij de Kawasaki Heavy Industries, Japan. De Opalia wordt geëxploiteerd door Frontline, de Oscilla door Golden Ocean Management Ltd., Hamilton, Bermuda. Green Award gecertificeerd.

De supertanker New Wisdom (Port aux Français, 1993, 298.033 dwt) van Mojo Compania SA, Monaco, aan MOT-steiger 1 in september 2002. Gebouwd bij Hyundai. Rechts de behuizing voor het oliekerende scherm (oilboom) zoals dat permanent in de 8e Petroleumhaven is uitgelegd.

De New Wisdom in de late avondzon, gezien vanaf de noordelijke duinenrij.

Na een deel van haar lading elders in West-Europa te hebben afgeleverd, zal de Kuweitse supertanker Al Awdah (Kuwait, 1991, 284.532 dwt) van de Kuwait Oil Tanker Co. bij binnenkomst in de Maasmond in juli 1993 assistentie krijgen van vier Smit-slepers, waaronder de Dordtsebank. Gebouwd bij Hyundai, Korea. Green Award gecertificeerd.

Een van Smits sterkste havenslepers, de Vikingbank, haast zich naar het achterschip van de Al Awdah.

De Al Awdah in de Maasmond op weg naar de MOT-terminal.

Zusterschip Al Tahreer (Kuwait, 1992, 284.532 dwt) aan MOT's steiger 2 in augustus 1999. Omdat ze nog niet (volledig) is geballast ligt het zware achterschip dieper in het water dan het voorschip.

De Al Tahreer begint aan haar uitreis, nu geballast en daarom (bijna) horizontaal in het water liggend. Ze wordt gepasseerd door het Kustwacht-betonningsvaartuig Rotterdam. Let op het kleine verschil in het ontwerp van de bovenbouw van de Al Tahreer en Al Awdah. Gebouwd bij Hyundai. Green Award gecertificeerd.

Achteraanzicht van de Al Tahreer, juist buiten de havenhoofden van de Maasmond.

Nog een zusterschip is de Al Samidoon (Kuwait, 1992, 284.890 dwt), de Maasmond binnenlopend in juni 2004. Evenals zusterschip Al Shuhadaa gebouwd bij Daewoo, Okpo, Korea. Deze vier zusterschepen zijn enkelwandige tankers daar ze vóór 1994 zijn gebouwd. Green Award gecertificeerd.

De Fairplay 21 in de bocht van de Maasmond naar het Beerkanaal, gezien vanf 'Slag de Beer', met de Al Samidoon op sleeptouw, die constant uit de ankerkluizen aan het 'blowen' is (zie daarvoor Deel II).

Midden:
De Smit Loire en Smit Clyde zijn hard aan het trekken voor de zwaai naar de MOT-terminal.

Onder:
De Al Samidoon wordt parallel aan MOT-steiger 2 in positie gebracht. De Fairplay 21 heeft intussen losgemaakt om het grote schip ergens aan het vrijboord voorzichtig tegen de steiger te duwen.

De supertanker Soro (Panama, 1993, 299.718 dwt) van World-Wide Shipping, Singapore, ligt volbeladen bij de MOT zonder te worden gelost, de losarmen staan in ruststand. Geen enkel schip in Rotterdam wordt geladen of gelost want er staat een storm van windkracht 9, toenemend tot 11 in de middag van 27 oktober 2002. De heiigheid is geen regen of mist, maar 'vliegend water' verstoven door de storm.

De ochtend na de stormdepressie is men (onder een wilde wolkenlucht) begonnen de Soro te lossen. Het is dan nog windkracht 8, maar afnemend.

Boven en midden:
Twee opnamen van de Iraanse supertanker Iran Najm (Bushehr, 1996, 298.731 dwt) van de National Iranian Tanker Co., Teheran, lossend aan de MET-terminal in april 2001. Gebouwd bij Daewoo.

De avond tevoren werd de Iran Najm na gedeeltelijk bij Nerefco-Europoort te zijn gelost, verhaald naar de MET-terminal in de 7e Petroleumhaven om daar verder te worden gelost (zie daarvoor Deel II).

Tegenlichtopname van de Griekse supertanker Agios Nikolaos (ex Unity Lake, Nassau, 1991, 281.794 dwt) van Eastern Mediteranean Maritime Ltd., Athene, bij de Esso/TEAM-terminal in oktober 2001. De naam van het schip betekent 'Heilige Nicolaas', dus 'Sint Nicolaas'. Gebouwd bij Hitachi Zosen, Ariake, Japan.

Close-up van het achterschip van de Agios Nikolaos. Op de schoorsteen hetzelfde embleem als dat op de mijter van de goedheiligman, het christelijk kruis. Overigens betekent 'Nikolaos' letterlijk 'overwinnaar van het volk'.

Close-up van de boeg, van hetzelfde ontwerp als dat van de Front Comanche, gebouwd op dezelfde werf. Volgens de markeringen op de boeg is de bulb 10 meter lang en ligt de Agios Nikolaos hier 15,70 meter diep in het water.

De Duitse supertanker Nordmillennium (Limassol, 2000, 301.443 dwt) van Reederei Nord (Klaus E. Oldendorff), Limassol, Cyprus, bij aankomst in de Maasmond in augustus 2003. Gebouwd bij Samho Heavy Industries, Yongam-gun, Korea.

Rechts:
De Smit Loire op weg naar de midscheeps van de Nordmillennium.

De Smit Loire is omgekeerd en begeeft zich ter hoogte van de manifold naar het voorschip om daar vast te maken.

Intussen is de Smit Humber op weg naar het achterschip van de Nordmillennium en zal daar vastmaken.

De Smit Loire is aangekomen bij het voorschip; dekhands staan klaar om verbinding te maken door de werplijn over te gooien.

Terwijl de Smit Humber en Thamesbank passief escorteren, ontmoet de Nordmillennium de uitgaande Duitse productentanker Santa Ana (Hong Kong, 2000, 38.695 dwt) van rederij Ernst Jacob GmbH, Flensburg.

De Nordmillennium in de Maasmond op weg naar de Maasvlakte Olie Terminal.

Afmeren van de Nordmillennium parallel aan steiger 1 van de MOT, als gezien vanaf het dak van een van de regenwatertanks. Op de linker brugvleugel nemen officieren de zaken in ogenschouw en leest de loods de digitale informatie af op de display van het laser-docking systeem dat zich net buiten beeld op de steiger bevindt. Op de achtergrond houdt de RPA15 van de Havenautoriteit een oogje in het zeil.

Blik op de Deense supertanker Ellen Maersk (?, 2000, 308.491 dwt) van A.P. Möller-Maersk, Kopenhagen, bij de Maasvlakte Olie Terminal in juli 2004, gezien vanaf de overkant van het Beerkanaal. Gebouwd bij Hyundai Heavy Industries, Korea.

Close-up van de boeg van de Ellen Maersk.

De supertanker Samco America (Port aux Français, 2003, 317.420 dwt) bij aankomst in de Maasmond in juni 2004 voor de MOT. Wordt beheerd door V.Ships Monaco, Monte Carlo. Gebouwd bij Hyundai Samho Heavy Industries, Korea.

Het achterschip van de Samco America tijdens het afmeren aan steiger 1 van de MOT met assistentie van Kotug's RT Magic. Op de achtergrond de groene watertanks waarin het regenwater dat op de 'deksels' van MOT's olieopslagtanks valt, verzameld wordt.

De RT Magic houdt het achterschip van de Samco America tegen de steiger gedrukt, terwijl de roeiers bezig zijn de trossen vast te maken.

De ZP Montelena doet hetzelfde aan het voorschip.

Boven:
Afmeren van de Samco America aan MOT's steiger 1, een operatie die een uur kan duren. Dan volgt een inspectie van het hoofddek en worden de papieren afgehandeld. Eerst dan kan het lossen beginnen en worden via afstandsbediening de losarmen aan de manifold gekoppeld.

Midden:
De supertanker British Progress (Douglas, 2000, 306.497 dwt) lossend bij de MOT in mei 2003. Eigendom van Frontline, wordt ze beheerd door BP Amoco Shipping, Hemel Hempstead. De boot langszij komt scheepsafval halen. Gebouwd door Samsung Shipbuilding, Korea.

De boeg van de British Progress met op de achtergrond de supertanker Algarve.

Close-up van het dekhuis van de British Progress.

Het voorschip van de Saoedische VLCC Marjan (een Arabisch woord, niet de naam van het buurmeisje! Nassau, 2002, 303.115 dwt, ex Hellespont Elmere) van de National Shipping Company of Saudi Arabia (NSCSA), Riaad, met de Smit Loire langszij in april 2004.

Omdat op het dek van de Marjan alles is wit-geschilderd, is op de originele dia mooi te zien hoe de drijflijn met voorloper van de Smit Loire op de verhaalkop van de Marjan door de liergast wordt ingenomen. De drie 'ogen' op de verschansing zijn zogenoemde 'Panama-blokken', als geleiders voor de sleep- en meertrossen.

Middels de strak staande rekker oefent de Smit Loire weerstand op de Marjan uit teneinde het schip af te remmen voor de bocht naar het Beerkanaal.

Bij erg heiig weer wordt de Marjan achterwaarts de 8e Petroleumhaven in gesleept. Links van de naam op de achterplecht van de Marjan staat op de steiger het digitale scherm waarop de loods de informatie van het laser-docking systeem kan aflezen.

Close-up van het achterschip van de Marjan met aan weerszijden de Fairplay 24 en Smit Rhône. Op de achterplecht staat het IMO-nummer vermeld, wat vanaf juli 2004 voor alle schepen verplicht werd. Op de achtergrond het enorme Italiaanse offshore-kraanschip Saipem 7000.

De Marjan aan MOT-steiger 1. Tijdens het lossen ontstond een kleine motorbrand waarbij vonken uit de schoorsteen kwamen. Gebouwd bij Samsung Shipbuilding, Zuid-Korea.

De Marjan gereed voor vertrek met de Smit Rhône al vastgemaakt. Roeiers zijn bezig op de dukdalf de trossen los te gooien. Op de achtergrond de supertanker Front Page (Monrovia, 2002, 298.300 dwt).

Rechterpagina boven:
De supertanker Nile (Hong Kong, 1991, 285.739 dwt) van World-Wide Shipping, Singapore, in de Maasmond op uitreis van de MOT in juni 2004. Gebouwd bij Daewoo Shipbuilding, Okpo, Korea.

Links:
Close-up van het achterschip van de Marjan met op de schoorsteen de palmboom met de kromzwaarden. Het dekhuis is vrijwel identiek aan dat van de British Progress.

De boegen van de Marjan en de Front Page - een vergelijking tussen een leeggepompte en volbeladen supertanker.

De Marjan begint aan haar uitreis in ballast bij een uiterst kalme, vlakke zee.

De Nile is de voormalige Argo Pallas van de Zweedse N&T Argonaut AB en zusterschip van de Argo Daphne, Argo Thetis (thans Nuri en Noto, eveneens van World-Wide) en Front Vanadis.

Nog een zusterschip was de Irian (Monrovia, 1992, 285.771 dwt) van ICB Shipping AB, Stockholm, gezien bij de MOT in oktober 1998. Sinds 2000 Astro Libra genaamd en eigendom van Kristen Navigation Inc., Athene. Gebouwd bij Daewoo. Green Award gecertificeerd.

NO SMOKING
FRONT CENTURY
FRONT CENTURY

SEA FORCE

SEA FORCE
PANAMA

Linkerpagina boven:
Vooraanzicht van de supertanker Front Century (Nassau, 1998, 311.189 dwt) van Dr. Peters GmbH & Co KG, Dortmund, liggend bij Vopak in juli 2004. Zusterschip van de Front Chief en Front Crown. Gebouwd bij Hyundai Heavy Industries, Ulsan, Korea.

Linkerpagina midden:
De gloednieuwe supertanker Sea Force, thans Front Force (Panama, 2004, 305.442 dwt) van Windstar Marine Inc./ Frontline Management, lossend bij de MOT in oktober 2004. Gebouwd bij Hyundai.

Linkerpagina onder:
Achteraanzicht van de Sea Force. Het schip is 333 m lang, 60 m breed en heeft een maximum diepgang van 21.26 m.

Boven:
Luchtfoto van de Sea Force in volle zee. Goed zichtbaar is de plaatsing van de (anker)winches en bolders, het reserve-anker, het helikopter-platform, etc. (Copyright foto via Auke Visser's International Super Tankers Site).

Midden:
De Noorse supertanker New Vision (Port aux Français, 1994, 279.864 dwt) van Viken Shipping AS, Bergen, bij de MOT in mei 2005. Ze is een zusterschip van de New Wisdom en eveneens gebouwd bij Hyundai.

Voor vertrek van de New Vision komt een motor-jol van de roeiersvereniging 'Eendracht' de loods brengen. Op de achtergrond de Shell-tanker Omala.

Een roeier gooit op de dukdalf de trossen los.

Rechterpagina boven:
De New Vision begint aan haar volgende reis naar de Perzische Golf via het Suezkanaal.

Close-up van het achterschip van de vertrekkende New Vision met de Smit Rhône en de RPA15 van de Havenautoriteit.

Onder:
De New Vision in de Maasmond, na vertrek van de Maasvlakte Olie Terminal.

Midden:
Aankomst in de Maasmond van de supertanker Sylt (Panama, 1993, 293.297 dwt) van World-Wide Shipping, Singapore, in april 1999. Zusterschip van de Soro. Gebouwd bij Daewoo.

Onder:
Boord-boord overslag bij Vopak in oktober 2002. De Sylt neemt Russische stookolie in van de Indiase tanker Jag Prachi via twee slangen in de takels van de dekkranen van beide schepen. Gelijktijdig wordt de Sylt geladen vanuit opslagtanks aan de wal.

De Jag Prachi (Mumbai, 1996, 44.124 dwt) van The Great Eastern Shipping Co., Mumbai, langszij de Sylt.

Midden:
De supertanker Omala (ex New Circassia, Douglas, 1999, 306.009 dwt, thans Front Circassia) van Shell International Shipping & Trading Co. Ltd., Londen, aan steiger 2 van de MOT in mei 2005 met een bunkertanker langszij. Gebouwd bij Mitsubishi Heavy Industries, Nagasaki, Japan. Achter de Omala de meer dan 150 m hoge kranen van het reusachtige Italiaanse offshore-constructievaartuig Saipem 7000.

De Amerikaanse supertanker Eagle (Majuro, 1993, 306.517 dwt) van International Marine Transport (IMT, alias Exxon Mobil Corp., Irving, USA) wordt bij Vopak niet gelost, maar vanuit opslagtanks geladen met Russische olie bestemd voor Singapore. Gebouwd bij Sumitomo Shipbuilding, Opama, Japan.

De Eagle verlaat Europoort bijna volbeladen in september 2002; niet langer een zeldzaam gezicht. Buiten beeld wordt ze begeleid en voorafgegaan door de RPA15 van de Havenautoritieit. De diepgang is 21 meter.

Midden:
Close-up van het achterschip van de Eagle. Onder de schoorsteen een afbeelding van een 'bald eagle' die een reddingsboei in zijn klauwen houdt.

Na eerst bij Vopak deels te zijn geladen met Russische olie voor Singapore, werd de Noorse supertanker Front Page van Frontline (Monrovia, 2002, 298.300 dwt) verhaald naar de MOT om via boord-boord overslag verder te worden 'afgetopt'. Fenders liggen gereed om fysiek contact met het langszij liggende schip te vermijden. Gebouwd door Hitachi Zosen, Japan. Zusterschip van de Front Comanche.

Boven en links:
Boord-boord overslag bij de MOT. De Duitse chem./olietanker Baltic Commander I (Limassol, 2000, 37.418 dwt) wordt in 2004 achterwaarts langszij de Front Page afgemeerd.

Close-up van de boeg van de Front Page, met de Smit Rhône en Fairplay 21.

Na het lossen en vertrek van de MOT ontmoet de Baltic Commander in de Maasmond de Amerikaanse chem./olietanker Rhone (Majuro, 2000, 35.775 dwt) die, begeleid door de Texelbank, op haar beurt langszij de Front Page zal worden afgemeerd. Er is geen tijd te verliezen, de timing is perfect...

De Rhone wordt langszij de Front Page afgemeerd met de Fairplay 24 aan het achterschip. De losarmen op de steiger staan in ruststand daar de tanker uitsluitend via boord-boord overslag wordt geladen. In tegenstelling tot Vopak is de MOT niet uitgerust voor het laden van tankers.

De Rhone wordt door de Fairplay 24 langszij de Front Page in positie gebracht.

De diepgang van de Front Page bij vertrek: 20,8 meter. Links het Plimsoll-laadmerk.

Gezicht op de Front Page met de Rhone langszij vanaf het terrein waar nu de Euromax-containerterminal wordt gebouwd.

Pas nadat de Front Page was geladen kon ze stookolie bunkeren voor de lange reis naar Singapore. Langszij ligt dan ook een van Europoorts grootste bunker-tankers, de Belgische Mantyrano uit Brecht. Gelijktijdig wordt tijdens de overslag gebruikte uitrusting van de Front Page gehaald door de Crane Barge I van Van Esch International BV, Rotterdam.

Midden:
Terwijl de ZP Chandon positie kiest bij de boeg, is de RT Magic hard bezig de Front Page het Beerkanaal in te trekken.

In de namiddag van de 27ste april 2004 vaart de Front Page de Maasmond uit. Op 29 april passeerde ze Kaap Finisterre, Spanje (naar Lloyd's Shipping Index van 10 mei 2004).

Luchtopname van de ULCC Hellespont Metropolis (Piraeus, 2002, 441.893 dwt) van de Hellespont Steamship Corp., Piraeus, thans TI Africa genaamd. Een van de vier grootste mammoettankers ter wereld. Zusterschip van de TI Asia, TI Europe en TI Oceania, alle gebouwd bij Daewoo. (Foto Hellespont via Auke Visser's International Super Tankers Site).

Close-up van de TI Europe voor anker in het Calandkanaal, juli 2004, met rechts de Front Century aan een van de Vopak-terminals.

De ULCC TI Europe (Antwerpen, 2002, 442.470 dwt) van Tankers International (Euronav Luxembourg) wordt in juli 2004 geladen bij Vopak en toont daarbij haar breedte van 68 meter. Buiten beeld zijn aan stuurboordzijde drijvende fenders gelegd voor boord-boord overslag in de TI Europe.

Als laatste foto van dit hoofdstuk de TI Europe op snelheid in volle zee.
(Copyright via Auke Visser's International Super Tankers Site).

De Ultra Large Crude Carrier Empress des Mers (ex Sea Empress, Nassau, 1976) bij de MOT op 1 oktober 1998. Gebouwd als Berge Empress, mat ze 423.677 ton dwt, was ze 381,8 m lang, 68,1 m breed met een diepgang van 22,8 m en daarmee een van de grootste supertankers ter wereld. Ze is 9 jaar lang opgelegd geweest, maar heeft in haar actieve jaren niet minder dan $100 miljoen opgebracht. Voor $23,7 miljoen aan slopers verkocht. @ Chittagong, Bangladesh, 6-2004.

De boeg van de Empress des Mers met de Texelbank vastgemaakt.

Close-up van het achterschip van de Empress des Mers bij vertrek van de MOT.

10. CRUDE-O-SAURUS

In hoofdstuk 4 schreven we dat de grootste tankers ooit gebouwd, de Ultra Large Crude Carriers, vrijwel alle in de tweede helft van de jaren '70 van de vorige eeuw zijn opgeleverd. Wat betekent dat ze thans, zo'n 30 jaar later, bijna allemaal zijn gesloopt, want de nominale leeftijd van een grote tanker is slechts 25 jaar. Door de strenge regelgeving ten aanzien van enkelwandige tankers, de hoge stookkosten van de stoomturbines en de hoge staalprijzen is dat proces van uitfasering nog versneld. De indrukwekkende ULCC's en VLCC's uit de jaren '70 – aan hun archaïsche vormgeving onmiddellijk te herkennen (verhoogde bak of oplopende boeg, gematigde, elegante bulb of geen bulb, masten met laadbomen in plaats van dekkranen, hoge slanke, meestal ronde schoorsteen, slank aflopend achterschip) - zijn inmiddels dus een uitgestorven soort geworden, evenals destijds de dinosauriërs. Uit de herinnering van menig schepenliefhebber echter zullen deze oude mastodonten nooit verdwijnen. Daarom, als sluitstuk van dit boek, een aantal laatste foto's van de 'CRUDE-O-SAURUS'.

De Japanse mammoettanker Aiko Maru (Amagasaki, 1976, 413.015 dwt) van Sanko Kisen KK, Tokio (Sanko Line), ligt opgelegd in de Groningse Eemshaven, juni 1983.

Oorspronkelijk de Griekse Ioannis Colocotronis, vaart de mammoettanker Jahre Venture (Sandefjord, 1975) op 28 april 1999 de Maasmond binnen naar de MOT. Ze mat 392.796 ton dwt, was 370,2 m lang, 64 m breed en had een diepgang van 22,6 m. @ Chittagong, Bangladesh, 27-7-2000.

Het achterschip van de Jahre Venture met de Sandettiebank en Citta della Spezia als escorte.

Na 6 jaar te zijn opgelegd in de Eemshaven wordt de voormalige Aiko Maru, nu Embassy genaamd (George Town, Cayman Islands) op 25 april 1988 weer gereactiveerd voor vertrek. In 1990 werd ze de Hellespont Embassy van de Hellespont Steamship Corp., Piraeus. Haar lengte was 365,9 m. Met 70 m was ze een van de breedste supertankers en haar diepgang was daarom een bescheiden 20,3 m. @ Chittagong, Bangladesh, 20-10-2003.

De op vier na grootste mammoettanker ooit gebouwd en met 79 meter de breedste van allemaal - de Sea World (ex King Alexander, ex Nanny, Nassau, 1978) aan steiger 2 van de MOT op 2 september1999. @ China, 6-2003.

Close-up van de boeg van de Sea World met rechts van de signaalmast het reserve-anker. De diepgang-markering geeft op de waterlijn (niet het wateroppervlak, maar de lijn op de grens van de zwarte bovenwaterromp en roodbruine onderwaterromp) een diepgang aan van 24 meter.

Het dekhuis van de Sea World moet een van de grootste zijn geweest ooit voor een zeeschip ontworpen, even groot als een flatgebouw van zeven verdiepingen. Ze was 364 m lang en mat 491.120 ton dwt.

Luchtfoto van de Sea World als 'King Alexander' (Piraeus), de Maasmond binnenlopend voor de MOT in juni 1994. De enorme breedte van het schip is goed te zien. (Via Auke Visser's International Super Tankers Site).

Van bescheidener omvang was de Berge Lord (Stavanger, 1973) van Bergesen DY ASA, hier bij de MOT op 14 augustus 1998. Ze mat 284.500 ton dwt, was 343 m lang, 51,8 m breed en had een diepgang van 21,8 m. Gebouwd bij Mitsui Shipbuilding, Japan.@ Chittagong, Bangladesh, 26-1-1999.

Midden:
Tot de categorie supertankers groter dan 300.000 ton dwt behoorde de Hellespont Paradise (Piraeus, 315.697 dwt, 1975), oorspronkelijk gebouwd als Liparus voor Shell Tankers, later Paradise. In 2001 verkocht aan Bluewater, Hoofddorp, voor ombouw tot FSO. Ze ligt hier bij de MOT op 5 september 1998, was 364,5 m lang, 56,4 m breed en had een diepgang van 22,3 m. Ze voert de Green Award vlag . @ China, 10-2003.

De Lampas (Grieks voor 'toorts', Douglas, 1975) van Shell Tankers was er een van een serie van vier zusterschepen van 318.000 ton dwt, waarvan de drie andere de Leonia, Lepeta en Lima waren. Ze ligt hier bij de MOT op 14 augustus 1998, slechts enkele maanden voor haar gang naar de sloper. @ Chittagong, Bangladesh, 2-12-1998.

De Lampas was 351,4 m lang, 55,4 m breed en stak 22,4 m diep.

Met haar archaïsche boeg met rudimentaire bulb die als een tong naar voren steekt is de Lampas een schoolvoorbeeld van de 'crude-o-saurus'.

Van dezelfde nu uitgestorven soort was de Noorse Happy Mia (1973), hier uitgaand op 9 augustus 1990 van de MOT. Ze mat 267.801 ton dwt, was 344 m lang, 51,9 m breed en stak 20,8 m diep. @ Alang, India, 21-6-1999.

De archaïsche boeg van de Happy Mia. Haar oorspronkelijke naam was Atlantic Baroness, later Korea Sun, en behoorde met haar zusterschip Atlantic Baron, later Korea Star, tot de twee eerste VLCC's die door de Koreaanse werf Hyundai Heavy Industries in Ulsan (voor de Griekse scheepsmagnaat George Livanos) werden gebouwd.

Midden:
Het slanke achterschip van de Happy Mia met 7 verdiepingen tellend dekhuis en hoge, geheel ronde schoorsteen.

De Stena Contender (Monrovia, 1974), op uitreis in het Calandkanaal op 30 augustus 1994. Ze mat 277.645 ton dwt, was 337 m lang, had een breedte van 54,5 m en stak 20,8 m diep. Na uitfasering in 1996 is ze voor het Franse Elf Aquitaine omgebouwd tot de FPSO Nkossa I. Een uit een serie vrijwel identieke schepen van het Zweedse Concordia Maritime of Stena Bulk AB.

Zoals de Stena Concordia (Monrovia, 1973), op 15 juli 1998 de Maasmond binnenlopend. In 2002 verbouwd tot de FPSO Petrobras 48.

De Franse supertanker Once (ex Chenonceaux, Port aux Français, 1976, 269.919 dwt) van Euronav ligt hier aan de terminal van Nerefco-Europoort, 6e Petroleumhaven, op 14 september 1999. Ze was een zusterschip van onder meer de British Reliance, was 338,6 m lang, 53,6 m breed en had een diepgang van 20,7 m. Gebouwd bij Mitsubishi Heavy Industries, Nagasaki, Japan. @ Jiangyin, China, 5-6-2001.

De Energy Progress (Monrovia, 1974) van Sembawang Shipmanagement, Singapore, tijdens het afmeren bij de MOT op 18 mei 1998. Hoewel toen al 24 jaar oud, ziet ze er uit als nieuw. @ Chittagong, Bangladesh, 18-12-1999.

De Energy Progress was 340 m lang, 53,5 m breed met een diepgang van 21,5 m en mat 281.852 ton dwt.

Midden:
Close-up van het achterschip van de Energy Progress. Ze heeft hetzelfde embleem in de schoorsteen als de Samco America. (pagina 91 en 151)

Onder:
De Kuweitse supertanker Kazimah (ex Townsend, Kuwait, 1982, 299.458 dwt) aan de terminal van de Q8-raffinaderij in de 5e Petroleumhaven, 9 april 2000. Daar ze al is vervangen door de in 2006 opgeleverde, gloednieuwe Kazimah III (zusterschip van de Samco America), staat ze op de nominatie te worden gesloopt. Ze was 336 m lang, 60 m breed en had een diepgang van 20,6 m. Het zusterschip was de Al Funtas.

INDEX VAN SCHEEPSNAMEN

A

Aberdeen, 36
Acina, 79
Adelaar, 80
Agios Nicolaos, 146
Aiko Maru, 171
Al Awda, 70, 140, 141
Alfa America, 29
Alfa Britannia, 58
Al Funtas, 50, 110, achterschutblad
Algarve, 132, 152
Almanama, 71
Al Samidoon, 12,142,143
Al-Shegaya, 136-138
Al Tahreer, 35,141,142
Amazone, 45
American Cormorant, 18
American Explorer, 9
Ankara, 64
Antares, 2,3
Anze Jiang, 15
Apollo, 134
Aralda, 33
Arendal, 30
Argo Daphne, 118,
Argo Thetis, 119, 120, 122
Aris, 93
Ariso, 44
Arklow Day, 33
Athesis Ore, 34
Atlantic Coast, 44
Atlantic Sea, 34

B

Balau, 71,97,119,171
Baltic Commander I, 164, 165
Banjaardsbank, 79
Barada, 40
Barend Biesheuvel, 70
Belmaj, 80
Benattow, 14
Benmacdhui, 20
Berge Chief, 103
Berge Hus, 57, 78, 104
Berge Lord, 174
Berge Pacific, 25, 79, 91, 92
Berge Sigval, 124, 125
Berge Stadt, 37, 71, 114
Berge Stahl, 88
Bergitta, 83
Blackbird, 56
Bluebird, 45
Bona Ranger, 31, 49
Bona Spray, 38
Bosporus, 21
Brilliant, 52
British Progress, 152, 153
British Reliance, 100
British Shield, 65
Bro Selma, 49
Burhou I, 45

C

Cape Confidence, 28
Cape Falcon, 53
Cape Horn, 60
Chembulk Vancouver, 19
Chin Shan, 53
Chin Yang Atlas, 54
Cielo di Baffin, 48
Citta della Spezia, 8, 97, 172
Cornelia, 15,40
Cosmos, 17
Crane Barge I, 167
Crystal Emerald, 24, 57
Cygnus Leader, 55

D

Danchem East, 55
Danimarca, 108, 117, 124
Delfshaven, 64,107
Discovery, 62
Discovery HSS, 20, 31, 43
Dordtsebank, 70, 93, 111, 116, 118, 140
Douro Chemist, 5

E

Eagle, 162, 163
Eendracht, 31
Elbe, 54
Elbe Ore, 43
Ellen Knutsen, 33
Ellen Maersk, 150
Embassy, 99, 172
Emerald, 40
Empress des Mers, 62, 95, 96, 170
Endeavour, 64
Energy Progress, 101,177,178
Englishman, 75
Estella, 35, 63
Estime, 40
Ethnic, 109, 112
Etoile, 74
Eurogeul, 24
European Freeway, 41,66
European Tideway, 34
Explorer, 57 63-65

F

Fairplay VII, 75, 90
Fairplay XV, 79, 89, 90
Fairplay 21, 11, 51, 79, 85, 89, 143, 164
Fairplay 22, 71, 72, 90, 104
Fairplay 23, 36, 71-73,79
Fairplay 24, 74, 75, 78, 79, 84, 89, 94, 104, 123, 145, 154, 165, 166
Fairplay 25, 84
Fiona, 10
Florealis, 57
Foylebank, 39
Frio Chile, 15
Front Century, 158, 168
Front Chief, 116
Front Comanche, 127-129
Front Crown, 20, 41, 43,114-116
Front Page, 1, 91, 155, 156, 163-167
Front Vanadis, 111
Furevik, 56

G

Gästrikland, 39
Gemini, 119
Gidrostroitel A.P. Aleksandrov, 69
Golar Dundee, 112, 113
Grand Pace, 33
Green Award, 109
Green Cape, 35
Grete Theresa, 57
Grey Fox, 69
Grote Stern, 28

H

HAM 316, 10
Hamburg Express, 65
Hanjin Melbourne, 38
Happy Mia, 175,176
Hasan S, 16
Havendienst 14, 69
Havendienst 18, 66,67
Havendienst 19, 49
Hebei Hope, 69
Helga, 50
Hellas, 53
Hellespont Metropolis, 168
Hellespont Paradise, 105, 174
Hoburgen, 48
Hoek van Holland, 53
Hydra Star, 55, 125, 126

I

Iran Azarbayjan, 94
Iran Najm, 145
Irenes Vision, 25
Irian, 157
Izmaylovo, 49

J

Jag Laxmi, 94
Jag Prachi, 161, 162
Jahre Venture, 97, 171, 172
Jasmine (Z-483), 33
John-R, 29

K

Kagoro, 26
Kazimah, 110, 178
Kemah, 26
Kim Jacob, 52
King Alexander, 173
Kogalym, 30
Konpolis, 85
Kopalnia Sosnowiec, 46
Koscierzyna, 32
Kwintebank, 86

L

Lady Nil, 36, 50
Lampas, 108, 174, 175
Las Sierras, 52
Lepta Mermaid, 48
Libra, 85
Linda Buck, 134
Louise Russ, 48
Lowlands Trader, achteromslag
Lowlands Yarra, 72,73, achteromslag
LT Universo, 53
Luxembourg, 132, 133
Lykes Innovator, 15
Lynncraig, 20

M

Macoma, 122, 123
Maersk Estelle, 117
Maersk Itajai, 19
Maersk Logger, 32
Magnitude, 51
Mahone Bay, 11
Malayan Victory, 47
Mantyrano, 167
Marinus Green, 92
Marjan, 153-156
Markab, 60
Markab Star, 135
Matco Thames, 85
Medininkai, 38
Megara, 123, 124
Menkar, 59
Mercury, 25, 63, 68, 121
Meridian Sky, 79
Meynell, 88-90
Mighty Servant 2, 6
Mighty Servant 3, 19
Mineral Trader, 41
MT Amolese, 36
Myrina, 120,121

N

Navion Britannia, 61
Navion Clipper, 12
Navion Scotia, 51
NCC Baha, 21
New Harvest, 66

New Vision, 113, 159-161
New Wisdom, 140
Nile, 157
Nincop, 46
Nordmillennium, 147-149
Nord Stealth, 37
Nordstraum, 24
Norsea, 17
North Duchess, 10
Nosac Sea, 100
Nueva Andalucia, 34

O

Oarsman, 63
Obbola, 136
Ocean Queen, 27, 84, 85
Ohio, 51
Olenegorsk, 16
Omala, 159, 162
Omegagas, 42
Ömer, 20
Once, 177
OOCL Faith, 53
OOCL Korea, 53
Oosterschelde, 31
Opalia, 54, 139
Opnor, 39
Oradana, 77
Oriental Kiku, 23
Orsula, 74
Ortviken, 22
Osiris, 16

P

P3, 74
Pacific Lagoon, 129
Panagiotis A, 52
Panter, 15
Perseus, 65, 66
Petro Fife, 75
Picardie, 131
Pytchley, 7
P&O Nedlloyd Calypso, 25
P&O Nedlloyd Pantanal, 42
Pride of Rotterdam, 22

Q

Queen, 17
Queen Mary, 13
Queen Mary 2, 22

R

Red Cherry, 10
Regina, 56
Resolution Bay, 30
Rheinstern, 33
Rhone, 165, 166
RMS Laar, 22
Robin, 89
Roeiers, 93, 94, 135, 155, 159, 160
Rosa, 53
Rotsblokken, 14
Rotterdam, 142
Rowan Halifax, 129
RPA3, 68
RPA15, 66-69, 160
RPA16, 69, 75
RPA20, 68, 69
RT Magic, 34, 50, 75, 77, 78, 92, 151, 152, 167
RT Spirit, 72, 73
Rui Yun He, 61
RVE30, 93

S

Safmarine Maluti, 45
Saipem 7000, 154, 162
Samco America, 91, 150-152
Sandettiebank, 81, 82, 97, 171, 172
Sanko Maple, 48
San Remo, 56
Santa Ana, 78, 148
Sarah Wonsild, 41
Saturn, 54
S.A.Winterberg, 32
SCL Memling, 54
SD Jacoba, 72, 74, 75, 77, 85, 88, 91, achteromslag
Sea Azalea, 86, 93
Sea Force, 158, 159
Sea Ilex, 75
Sealand Achiever, 37
Sea Land Pride, 74
Sea World, 67, 98, 172, 173
Shaula Star, 134, 135
Silba, 4, 39, 44
Silvia, 68
Simon-M, 57
Smit China, 118, 126
Smit Clyde, 12, 74, 93, 115, 134, 135, 143
Smit Frankrijk, 31, 82, 101, 121
Smit Humber, 128, 132, 136, 139, 148
Smit Japan, 55, 119-121, 126, 128, 134
Smit Loire, 75, 77, 87, 115, 122, 124, 137, 143, 147, 148, 153, 154
Smit Mersey, 87, 98
Smit Mississippi, 125
Smit Missouri, 115, 119, 120
Smit Polen, 39, 71, 81, 87, 101, 164, 178
Smit Rhône, 1, 18, 52, 76, 92, 154, 155, 160, 164, achteromslag
Sofia, 26
Solitaire, 8
Soro, 144
Star Aruba, 42
Stefan Batory, 47
Stena Akarita, 76
Stena Alexita, 64
Stena Comfort, 130
Stena Concordia, 18, 102, 177
Stena Confidence, 78
Stena Contender, 107, 176
Stena Seatrader, 60
Stolt Spirit, 58
Storon, 31
Suhail Star, 118
Sunrise I, 32,36
Svezia, 108,117,125
Swan River, 18
Sylt, 81, 82, 161, 162
Synergos, 126

T

Tärnsund, 41
Tarquin Glen, 58
Texelbank, 62, 79-81, 88, 97, 100, 111, 119, 122, 129, 165, 170, 171
Thamesbank, 80, 100, 102, 113, 121, 124, 132, 148
Thermaikos II, 47
Thorax 12, 5
Thialf, 8
TI Europe, 106, 168, 169
Tina, 11
Tina Jakobsen, 31
Toba, 63
Tonya Bondarchuk, 27
Transshelf, 87
Tropic Brilliance, 37
Tumak, 125

V

Vaky Junior, 69
Valle di Siviglia, 32
Vanadis, 111, vooromslag
Venus Glory, 12, 28, 55, 87, 133
Verkeerscentrale Europoort, 25
Vigilant, 28
Vikingbank, 70, 141
Vlissingen, 53
VS Hamburg, 78, 92, 94
VS Rotterdam, 83, 86
Vulcan, 126

W

W.D.Gateway, 23, 118
Western Trader, 43, 54
White Shark, 46
World Romance, 36, 68

Y

Yannis P., 89

Z

Zante, 10, 108, 113
ZP Chandon, 34, 51, 71, 75, 86, 114, 117, 124, 163, 167, 175
ZP Montelena, 77, 83, 114, 117, 151, 152

Achterschutblad:
De Kuweitse supertanker Al Funtas (ex Middletown, Kuwait, 1983, 290.085 dwt) lossend aan de Q8-terminal op 12 okt. 1999. Lengte 336 m, breedte 60 m, diepgang 20,6 m. Zusterschip van de Kazimah.

NO SMOKING